sobinfluenciaedições
lucioleediciones

anat
dare
michel

omia
volta
e garau

9	**NOTA EDITORIAL**
11	**AQUI E AGORA?** SOBRE A INTENSIDADE E A DURAÇÃO DA TEMPORALIDADE REVOLUCIONÁRIA
27	**SEM PORQUÊ:** O *A PRIORI* EXISTENCIAL DO AGIR DESTITUINTE
58	**ANATOMIA DA REVOLTA** PRIMEIRA PARTE
78	**ANATOMIA DA REVOLTA** SEGUNDA PARTE
97	**A ULTRAESQUERDA E O "PARTIDO HISTÓRICO" DA REVOLUÇÃO**
149	**SATURAÇÃO**

NOTA EDITORIAL

Esta publicação é uma compilação inédita de ensaios originalmente veiculados no inexistente blog *Qui e Ora* – de um autor tão lúcido quanto atemporal, que, até recentemente, não havia editado um livro sequer em seu próprio idioma. Uma constatação aparentemente simples está subjacente a essas reflexões: ao contrário do século XX, que nasceu em meio a grandes revoluções, o século XXI começa em meio a revoltas. Assumir isso não significa aumentar a distância entre um termo e outro, mas sim em outra direção, traçar as perguntas corretas em busca de uma ideia revolucionária que esteja à altura das revoltas. Longe do "porquê", que busca incessantemente encerrar os acontecimentos em uma série causal, o trabalho de Garau procura pelo desenho de sua anatomia, pelo mapeamento de sua dinâmica interna de funcionamento, pela tecelagem de seus gestos e a circulação de seus métodos, afirmando o caráter anárquico que os constitui. Tal trabalho implica, necessariamente, o rompimento de conceitos como "eficácia" e "vitória" e seus significados herdados. O que não implica uma ruptura descuidada com a tradição revolucionária, mas uma apreensão de como ela se apresenta em um momento de ameaça.

Este livro também é, como tudo, produto de um trabalho coletivo. Luciole e sobinfluencia, as editoras que se unem para compor esta edição, estão vinculadas não só pelo afeto e pela amizade, mas por uma preocupação comum, que nos leva a publicar simultaneamente em São Paulo e Santiago, a inquietação provocada pelas revoltas que continuam nos atravessando, percorrendo nossos corpos desde 2013, no Brasil, até 2019, no Chile.

Não vamos nos iludir: há uma distância enorme entre essas revoltas (para não mencionar o restante dos levantes que Garau aborda nesta obra). Porém, é justamente na singularidade radical de nossas experiências que acreditamos ser possível encontrar os fios de um tecido revolucionário, de uma comunidade de luta. *Anatomia da revolta – temporalidade e destituição* nos convida a pensar estrategicamente sobre como conjugar as múltiplas temporalidades do comum, intensidade e duração, continuidade e descontinuidade. Pensar a partir da derrota, sim, mas de uma derrota que é recuo e deriva, contenção momentânea do incontrolável, espera tensa pelo momento exato. Estamos publicando este livro conjuntamente em dois países onde a social-democracia e o fascismo parecem ser faces da mesma moeda, gendarmes da imaginação revolucionária, a fim de levantar questões incômodas, que só poderão ser respondidas quando a palavra estiver inscrita no gesto.

Algumas palavras sobre esta tradução são necessárias. Como esta é uma obra em coedição, publicada simultaneamente em dois idiomas e dois países diferentes, a maioria das notas de rodapé do tradutor que foram incorporadas são obra da cuidadosa tradução para o português feita pelo querido Andityas Matos, a quem devemos uma série de agradecimentos.

Luciole ediciones & sobinfluencia edições

AQUI E AGORA?
SOBRE A INTENSIDADE E A DURAÇÃO DA TEMPORALIDADE REVOLUCIONÁRIA

Gostaria de colocar algumas interrogações acerca do tema da temporalidade, tratando assim de uma ordem de pressupostos teóricos que informa a sensibilidade compartilhada, na qual me reconheço, de muitos revolucionários do presente. Além disso, creio que as reflexões aqui contidas evocam a mesma sensibilidade, tratando muitas vezes de questões e análises que se relacionam à percepção temporal, aos modos diversos de se viver em um "regime histórico" inimigo, ao messianismo e à possibilidade de experiências do tempo que digam respeito a uma forma de vida revolucionária.

As considerações propostas têm o caráter de esboços iniciais e provisórios, funcionando como estímulos para o debate ou como anotações para um trabalho mais profundo, e se inspiram na leitura de alguns livros, entre os quais, em primeiro lugar, *Défaire la tyrannie du présent. Temporalités émergentes et futurs inédits*,[1] de Jérôme Baschet. A crítica radical do horizonte moderno, como ponto de junção entre a flecha linear de um tempo histórico direcionado e a centralidade da díade "sujeito-projeto", na qual se cruzam a univocidade do agir teleológico e o mito continuísta do Pro-

---

[1] J. BASCHET. *Défaire la tyrannie du présent. Temporalités émergentes et futurs inédits*. Paris: La Découverte, 2018.

gresso, anima a própria gramática daquela herança política particular que é a "tradição" dos oprimidos.

O comunismo messiânico de Walter Benjamin nos ensina – ajustando as contas com o tempo "homogêneo" e o vazio do historicismo – a nos liberarmos da ilusão de estarmos no mesmo barco para apreender o legado dos movimentos revolucionários, tratando-se antes de uma constelação disseminada de fragmentos singulares, datas, eventos ou derrotas capazes de colocar em comunicação passado e presente no *flash* de uma "imagem dialética".

Trata-se, portanto, de uma tradição que não é cumulativa e unitária, mas esparsa em uma miríade de rupturas pontuais que deixam entrever, ao olhar capaz de ler "a contrapelo" o devir histórico, a virtualidade de uma interrupção imprevista, o "freio de emergência" na corrida catastrófica do desenvolvimento capitalista. A incompletude do passado é a possibilidade do futuro. Os temas desse discurso são muito conhecidos por cada um de nós, já que nos permitem entender o léxico da descontinuidade e da bifurcação, ler as rachaduras e as fissuras na imagem de mundo compacta das classes dominantes. Todavia, a trajetória percorrida por Baschet nos convida a problematizar essa linguagem, a restituir seu espírito ao presente, a uma ordem diversa de problemas em um "regime temporal" profundamente mudado, no qual as sacralizações progressistas da razão histórica foram miseravelmente aprofundadas. Que implicações decorrem, no contexto de uma civilização capitalista que pulverizou a consistência da dimensão histórica, desativou toda recepção não memorialística do passado e anulou qualquer visão de futuro, e que se pode definir, tomando de empréstimo uma categoria de François Hartog,[2] "presentista", da insistência em relação ao instante e ao significado de evento do "aqui e agora"?

A carga subversiva do *Jetztzeit* (tempo-de-agora) pode sobreviver à reprodução do eterno presente "pós-moderno", à gestão técnica niilista da crise permanente, mantendo intacta a sua natureza de momento messiânico? Como conjugar, no nosso sentido histórico-epocal e de modo a nos organizarmos contra o capitalismo, intensidade da interrupção e duração da forma? Esse núcleo de questões reúne, apodera-se e investe poderosamente todo o espectro de problemas que hoje se associam à ideia de revolução e à possibilidade de revitalizá-la: "Em que medida é possível repensar a noção de revolução, ou de dinâmica revolucionária, para além do regime moderno de historicidade do qual ela nasceu? E se recusarmos a reiteração de um modernismo revolucionário às vezes morno, às vezes exaltado, como conceber uma ou *várias* temporalidades revolucionárias?"[3] Se, de fato, a noção e a imagem de uma mudança radical das condições de vida no mundo foram tão drasticamente esvaziadas de sentido e de inteligibilidade, isso se deve ao seu íntimo compromisso com a ideia ocidental e moderna de uma necessidade histórica progressista e planificável, de todo modo "futurocêntrica".

A mesma alergia por toda forma de determinação estável, caracterizante e sólida, o "ódio à duração" que também afeta profundamente o nosso campo, encontra nesse preconceito a sua matriz. Valeria a pena dedicar algumas palavras, o que exigiria uma outra oportunidade, à relação entre forma, tempo e "militância" na vivência de muitos companheiros e companheiras. Sem querer transpor de modo apressado

---

[2] F. HARTOG. *Regimi di storicità*. Palermo: Sellerio, 2007.
[3] J. BASCHET. *Op. cit.*, p. 302.

e descuidado um repertório de intuições teóricas para um plano meramente prático, talvez fosse necessário nos questionarmos sobre a temporalidade contraída e efêmera de muitos percursos militantes de vida.

A falta de maturação e de canais estáveis que transmitam experiências e percursos, permitindo a passagem de testemunhos de uma geração a outra, poderia ser um dado sintomático que não pode ser desconsiderado ao se analisar a atitude generalizada de consumo de experiências passageiras. Até mesmo o abandono sistemático e difuso das frentes de luta, por parte de muitos e de muitas, depois de certa idade, talvez não seja um simples dado biográfico ou sociológico, além de não ser possível liquidá-lo com os estigmas da fraqueza e da traição. Uma concepção da duração que não oscile entre as versões totalizantes de modelos organizativos monolíticos, talvez servilmente emprestados de alguma tradição do passado, e o enorme equívoco, o embuste da informalidade, exigiria uma reflexão sobre a "forma" que escapasse dessa Cila e Caríbdis. Entre a linha reta do perímetro identitário e aquela despedaçada do fragmento,[4] que secretamente tem como cúmplices certas veleidades libertárias e ativismos pós-modernos, talvez exista a possibilidade de compor uma figura que apresente mais linhas onduladas e mais ritmos, na qual a variedade e a mudança das experiências de vida não signifiquem uma deserção da "máquina de guerra":

> O que constitui o ícone da modernidade é a linha reta, que acompanha a redução dos fenômenos complexos a uma perspectiva única, enquanto a linha fragmentada seria própria da pós-modernidade. Contudo, ao invés disso, pode-se

---

[4] T. INGOLD. *The life of lines*. Londres: Routledge, 2015.

interessar pelas linhas sinuosas, concebidas como trajetos ou linhas ativas em processo de construção, em oposição às linhas que se contentam em ligar um ponto a outro.[5]

Assim, em contato com a carne viva da sensibilidade temporal, a palavra de ordem da pluralidade tática baseada na unidade estratégica poderia assumir um significado inédito, no qual fidelidade à amizade política e possibilidades de mudança, intensidade e duração seriam finalmente conectadas. Não há apenas um modo de lutar, da mesma forma que não há somente um de deixar de fazê-lo.

No entanto, o instante do "presente perpétuo" capitalista, tão transversalmente difundido nas nossas maneiras de viver e lutar, é bem diferente – se o observarmos com cuidado – da plenitude vivida em uma atualidade sem compromissos e dilações. A unidade temporal que cotidianamente perseguimos não é um "aqui e agora" de pura intensidade existencial, não é o presente de Bataille ou de Benjamin, mas, ao contrário, a prevalência ininterrupta de uma tendência temporal "protensiva", que se esvai sem parar no instante sucessivo, em uma sequência perfeitamente interna à moldura espacializada e neutra do tempo abstrato. É o tempo mensurável dos relógios tecnologicamente recarregados. O regime temporal[6] da economia e da mercadorização, inscrito em uma disciplina cronométrica, quantitativa e calculável, se torna assim

---

[5] J. BASCHET. Op. cit., p. 267.
[6] Baschet, remetendo-se a Hartog, distingue entre os "regimes de temporalidade", que são os modos de sentir, perceber o ritmo da existência biográfica e social em determinada época, e os "regimes de historicidade", que representam a relação com o passado e o futuro, os horizontes de expectativa e a capacidade de recepção do passado. Todo regime de historicidade pode conter, em um tipo de combinação estruturada, vários ritmos temporais, entre os quais um sempre se torna hegemônico.

regime histórico de pleno direito, ocupando o lugar vazio das narrativas modernas hoje colapsadas. Dessa maneira, o aumento da densidade quantitativa do tempo, que concentra um número sempre maior de atividades na mesma unidade cronológica delimitada, ultrapassa os limites da esfera produtiva para explodir na globalidade da matéria vivente.

Michael Löwy evidencia, comentando *O capitalismo como religião*,[7] o caráter cultual e sacrificial que, parafraseando as glosas de Benjamin, define o núcleo religioso da forma de vida capitalista. A palavra alemã "*Schuld*", que se pode traduzir como "culpa" ou "culpabilidade", mas também como "dívida", corresponde à cifra da existência sob o sistema da religião capitalista, estruturalmente marcada pela manutenção de uma culpabilidade mítica e universal. De um lado, efetivamente, a preeminência do culto em relação a qualquer outro elemento dogmático ou doutrinário, cujo lugar permanece vazio, é representada pelo imperativo de operações e ofícios dotados de uma sacralidade autorreferencial:

> Em primeiro lugar, o capitalismo é uma religião puramente cultual, talvez a mais extrema que jamais tenha existido. Nele nada tem significado senão em relação imediata com o culto; este não representa nenhuma dogmática particular, nenhuma teologia. O utilitarismo adquire, nessa perspectiva, a sua tonalidade religiosa.[8]

Tais exercícios utilitários são os investimentos, a especulação, a compra e venda de mercadorias e, weberianamente,

---
[7] M. LÖWY. O capitalismo como religião – Walter Benjamin e Max Weber. In: M. LÖWY. *A revolução é o freio de emergência: ensaios sobre Walter Benjamin*. São Paulo: Autonomia Literária, 2019.

[8] W. BENJAMIN. *O capitalismo como religião*. São Paulo: Boitempo, 2013.

a poupança. Toda fração de tempo subtraída a essas ocupações, toda ocasião de "férias" é, portanto, sacrílega. Por outro lado, a "interpelação" para reproduzir ininterruptamente tal dinâmica agregadora de valorização do tempo pode gerar apenas dívida: perene inadequação aos deveres de culto por parte do capitão de indústria e condição infernal do pobre, condenado ao sacrifício. Sendo a liturgia capitalista, segundo Benjamin, literalmente "sem trégua", nela falta de todo o elemento expiatório que caracterizava, como sublinha Löwy, o judaísmo. Realiza-se assim, pela primeira vez, uma crença voltada inteiramente para o "desespero", portadora de um estigma insuperável sob a condição criatural, que é o contrário da tensão messiânica.

É interessante observar como, no desenvolvimento dessa fulgurante reflexão juvenil de Benjamin que remonta a 1921, o fator determinante da dominação capitalista não é o lucro ou a estrutura oculta das relações de produção, e sim a potência religiosa e idolátrica do dinheiro como objeto de culto, segundo uma indicação expressa, poucos anos antes, no *Apelo ao socialismo*, de Gustav Landauer: "O dinheiro é artificial e é vivente, o dinheiro produz dinheiro e mais dinheiro, o dinheiro tem toda a potência do mundo."[9]

Ademais, é fácil notar como nesse quadro o problema do tempo parece central. O mundo capitalista percorre o ritmo cíclico e fugidio de um presente perpétuo que se renova fatalmente na continuidade das suas operações. Sob essa cobertura, a vida "condenada" pela maldição da economia não conhece presente nem futuro, mas a recorrência sem esperança de um eterno retorno do idêntico. O afresco da vida metropoli-

---

[9] G. LANDAUER. *Aufruf zum Sozialismus*. Berlim Paul Cassirer, 1919, p. 144. (Citado em uma nota por Benjamin.)

tana que Benjamin traça nas *Passangewerk* se centra propriamente nesses traços infernais, nos quais a gestualidade vazia e repetitiva do autômato acompanha o *choc* de uma privação radical da experiência. Em razão do desaparecimento do papel de mediação com o passado que as tradições culturais, então depostas, tinham desempenhado, toda relação com a experiência do tempo e com a memória se choca com uma crise metafísica da presença: o automatismo dos gestos mecânicos do mundo industrial mecanizado, parcelares e insensatos, se torna a cifra da existência metropolitana na sua totalidade. Escreve Löwy em outro ensaio benjaminiano:

> Os gestos repetitivos, mecânicos e insensatos dos operários às voltas com a máquina – Benjamin se refere aqui a certas passagens de *O capital* de Marx – são análogos aos movimentos reflexos dos passantes na multidão, como descrito por Hoffmann. Operários e passantes, ambos vítimas do mundo industrial e urbano, já não podem viver uma experiência autêntica (*Etfahrung*) ligada à memória de uma tradição cultural ou histórica, mas somente uma vida imediata (*Erlebnis*) – e, em particular, aquela do *choc* (*Chockerlebnis*), que neles provoca um comportamento reativo similar ao de um autômato [...].[10]

Por meio da potência antecipatória dessas notas, aparece com ainda mais clareza a radical incompatibilidade entre as unidades de tempo do "presentismo" capitalista e aquelas de uma possível temporalidade emergente de caráter revolucionário, nas quais a instância da imediaticidade existencial adquire um significado completamente diverso e oposto. Assumindo novamente o léxico de Baschet,[11] pode-se então

---

[10] M. LÖWY. Walter Benjamin et Karl Marx. *Op. cit.*, p. 45.
[11] Me parece importante sublinhar como os aspectos mais interessantes e

sugerir duas antíteses gêmeas, que por um lado veem o "instante" e o "eterno", e por outro se traduzem na dupla "movimento" e "duração". Se o primeiro binômio descreve o tempo desconexo e sem devir do presentismo, a completa "antropomorfose" do Capital,[12] o segundo delineia o perfil de uma inédita articulação entre passado, presente e futuro. Em que se diferenciam esses termos, para além das banais exigências taxonômicas? O "momento" não representa uma porção de tempo uniforme, de extensão estabelecida, mas é conotado pela relação com um horizonte de sentido, com a qualidade e o ritmo singulares do processo a que se refere. Em outras palavras, o momento é indissociável da sua duração, da medida interior do tempo vivido que esconde seu desenvolvimento, mais ou menos desdobrado em direção à projeção futura de expectativas e previsões ou rumo à reativação de uma promessa contida no passado. Em ambos os casos, os limites dessa modalidade de presente não são rígidos e excedem a medida de uma cronologia homogeneizante e abstrata, puramente quantitativa. Tal vocabulário se refere a uma ideia de "temporalidade plural",[13] ou seja, à coexistência, em

---

agudos das "temporalidades emergentes" descritas no livro de Baschet se enquadram plenamente em uma consideração do tempo que chamo de messiânica, e que o autor tende por vezes, a meu juízo de modo apressado, a liquidar. A bifurcação temporal, a coincidência da relação entre a incompletude do passado e as possibilidades futuras na densidade do "momento", bem como a ruptura com uma moldura temporal abstrata, são todos, por certo, elementos que pertencem plenamente às variantes mais radicais de um messianismo revolucionário. A centralidade de Benjamin no conteúdo do livro, para além das questões terminológicas, não pode ser, por outro lado, desconsiderada. Julgo problemática a suposição de que a interrupção messiânica e a processualidade histórica sejam incompatíveis.

[12] Jacques Camatte. *Il capitale totale. Il "capitolo VI" inedito de "Il Capitale" e la critica dell'economia politica*. Bari: Dedalo Libri, 1976.

[13] Baschet se refere, nas páginas do livro que dizem respeito aos pontos

um campo e em um espaço regulado, de múltiplas gamas e variações do tempo, defasadas e desiguais:

> [...] indissociável do caráter concreto do processo, a duração é tecida por ritmos múltiplos, heterogêneos e, ao mesmo tempo, atravessada por irrupções e possíveis rupturas. Assim, ao invés de refutar a duração para valorizar somente o momento, propõe-se assumir conjuntamente duração e momento, como duas formas concretas de temporalidade. Isso pressupõe a duração do fazer; assim, deve-se admitir que a duração é a temporalidade da atividade concreta, da ação enquanto ela está se desenvolvendo.[14]

Essa autêntica aposta nos entrelaçamentos se relaciona à possibilidade de abrir mão de uma forma de antecipação planificadora e "futurocêntrica", conciliando a experimentação imediata de relações comunistas e a organização de uma força revolucionária permanente. Desvincular a prefiguração das condições de vida pós-capitalista da ótica eminentemente moderna da razão projetual significa afrontar, de uma nova maneira, o problema histórico da "transição". Se as múltiplas variantes clássicas do programa revolucionário estão irremediavelmente comprometidas, é preciso buscar os traços, ainda que embrionários, de uma interpretação di-

---

nodais da multiplicidade temporal, a um tipo de linguagem estruturalista, mais precisamente a de Lévi-Strauss, bem como às intuições de Dipesh Chakrabarty sobre a temporalidade dupla. No entanto, assinalo que as noções utilizadas com esse propósito, e em particular a ideia de um campo regulado que articula as diversas genealogias temporais estruturalmente defasadas, lembram muito as reflexões de Louis Althusser. Sobre o tema da "temporalidade plural", passando também por muitos autores marxistas, de Althusser a Bloch e Gramsci, cf. AA. VV. *Tempora multa. Il governo del tempo*. Milão: Mimesis, 2013.

[14] J. BASCHET. *Op. cit.*, p. 189.

versa do binômio que se põe entre a secessão material e o confronto, a "comuna" como célula de comunismo em ato e a sua vocação expansiva.

O próprio conceito de revolução, assim como os de insurreição e autonomia, juntamente com todo o vocabulário teórico das tradições subversivas, deve ser banhado nas águas da multiplicidade temporal, transformando assim em profundidade o universo dos significados, desenraizando-o dos resíduos da ordem do discurso "moderno". Os partidos dos revolucionários e dos terranos,[15] para vencer aquele mortífero dos modernos, devem se aliar. Essa posição é extremamente frágil e perigosa, entrincheirada entre a dispersão pós-moderna que transforma a pluralidade em equivalência geral e despotencialização "débil" das verdades éticas, e as possíveis recaídas nas figuras de uma linearidade unificada, ainda que travestida. Assim, é preciso cuidado para que as "ilhas de comunismo", em seus encontros aleatórios, componham um arquipélago entre fragmentos plurais de mundo sem se fossilizarem em um novo continente.

Muitos pensadores e militantes procuraram, já durante o século XX, elaborar uma posição capaz de responder a tais critérios, situando a função da mudança revolucionária fora dos trilhos de uma visão histórica linear e evolutiva, despojando-a, assim, dos traços épicos e palingenéticos do "Sol do Amanhã". Reflitamos, entre outros, sobre figuras como Gustav Landauer, Martin Buber, Erich Unger ou George Sorel,[16]

---

[15] Nota do tradutor: O autor escreve simplesmente "terrestres" ("*terrestri*"), mas uma tradução contemporânea e criativa só pode ser "terranos", baseada nos trabalhos de Bruno Latour e na necessidade de superar o Antropoceno.

[16] Friso, ainda que me pareça óbvio, que esses elementos de originalidade compareçam em um quadro de conjunto que permite assimilar algumas dessas figuras à linguagem das tradições a que pertencem, ou seja, a uma visão

mas também, em algumas ocasiões, no anarquismo de Kropotkin ou em certos traços do comunismo conselhista alemão: na visão desses autores, pode-se descobrir a imagem da ruptura insurrecional como desdobramento e liberação de uma força já madura, de algo que, cultivado anteriormente, deve arrebatar o próprio tempo e o próprio espaço.

Desse modo, o gesto do confronto, depurado dos elementos apocalípticos e bélicos, representa a passagem-evento de uma dinâmica processual mais extensa, um salto que permite aos "devires" revolucionários crescerem e se consolidarem. Se algo da revolução pode existir antes de a revolução ter acontecido, tal não é outra coisa senão a continuação do comunismo com outros meios, uma entre as diversas modulações de um "ser-junto" no qual forma organizativa, vida e relação com a violência não estão separadas. A revolução, levando as coisas para outra direção, vê se esfumarem seus contornos de ato específico e posicionado no tempo para, assim, se desenrolar em um tecido ético que une ideias, meios e ações em um jogo de demandas e ecos recíprocos. Utilizando impropriamente uma sugestão de Giorgio Agamben, podemos definir o fio sutil que mantém juntas as práticas revolucionárias por meio do conceito de "assinatura", que para o filósofo designa um tipo de afinidade estrutural entre conceitos pertencentes a âmbitos e a esferas diversas: um "índice secreto", parafraseando Benjamin, que permite o deslocamento, o movimento das ideias de um plano a outro, mantendo a mesma configuração semântica. O conceito de secularização é o principal exemplo dessa forma de retomada histórica:

---

da história que ainda é moderna. Veja-se a dependência de Kropotkin da linguagem evolucionista, a ênfase mitopoética de Sorel na greve geral revolucionária e o marxismo ortodoxo dos conselhistas alemães em relação ao qual, sob muitos aspectos, a posição herética acaba sendo a de Lênin.

> A secularização não é um conceito, mas uma assinatura no sentido de Foucault e de Melandri, ou seja, algo que, em um signo e em um conceito, os marca e os excede para remetê-lo a determinada interpretação ou a determinado âmbito, sem, contudo, sair do semiótico para constituir um novo significado ou um novo conceito.[17]

A genealogia de Nietzsche, a arqueologia de Foucault ou a categoria benjaminiana de "imagem dialética" são, para Agamben, "ciências das assinaturas", que enervam a história das ideias enxertando tempos e planos diferentes. Por nosso lado, podemos multiplicar esse tipo de torção interpretativa e aplicar o conceito de assinatura, de maneira certamente pouco rigorosa e metafórica, aos vínculos imanentes que, como selos e marcas ocultas, aproximam as mais diversas práticas em um "uso" revolucionário que delas destitui a funcionalidade ordinária. Toda temporalidade e todo exercício, se restituído a esse novo uso, pode conter em si o índice secreto da revolução e assim depor a própria e usual cumplicidade com as formas de vida capitalistas.

Desse modo, a integralidade da reparação messiânica que deve acompanhar toda convulsão do estado do mundo não é invalidada pela disseminação das práticas e dos pontos de vista, mas as habita e as relaciona intimamente, como um fio invisível. O conceito de "bifurcação" pode ser a chave correta para levar tais reflexões a seu cumprimento, dado que representa o limiar de indeterminação no qual as várias dimensões temporais, como preconizado na obra de Baschet, se alimentam reciprocamente e se tornam coextensivas, sem que nenhuma seja totalizada e separada das outras. Os aspectos protensivos e

---

[17] G. AGAMBEN. *Il regno e la gloria*. Turim: Bollati Bringhieri, 2009, p. 16.

retrovertidos da temporalidade se definem assim em seu encontro, adquirindo sentido no seu mútuo entrecruzamento. Desse modo, o retrocesso no curso linear do desenvolvimento histórico ordinário também é abertura de possibilidades para a concretização de virtualidades alternativas e futuros possíveis, enquanto toda incompletude do passado corresponde a uma zona em branco, uma ondulação e um ponto de desvio perdido no espaço uniforme do tempo dominante. Assim, a tensão messiânica se põe como uma trajetória oblíqua, um corte transversal que atravessa tanto o elemento "katecôntico"[18] quanto o "escatológico" da espiritualidade revolucionária, mas não de maneira que os dois polos se enfrentem, e sim formando um campo de tensões explosivas entre "a força que retém" e a potência do evento.

Escreve Jacob Taubes em um ensaio sobre Schmitt de 1985:

> O *kat-echôn*, a força que freia, na qual Schmitt aposta tudo, já constitui um primeiro sinal do fato de que a experiência cristã do tempo do fim foi domesticada, sendo rebaixada para se comprometer com o mundo e os poderes mundanos. Obviamente, a história como dilação pode ser interpretada de múltiplas maneiras e assim perder acuidade e incisividade. Mas é somente por meio da experiência do fim da história que a própria história é transformada naquela "via de mão única" que agora, ao menos para nós, é a história ocidental.[19]

---

[18] N.d.T.: Do termo grego "κατέχον", que significa literalmente "o que retém", constante de uma famosa carta de Paulo (2 *Tessalonicenses* 2:6-7) e posteriormente utilizado por Carl Schmitt e vários filósofos para evocar figuras teológico-políticas que impedem o juízo final, para muitos identificado com a revolução.

[19] J. TAUBES; C. SCHMITT. *Ai lati opposti delle barricate. Corrispondenza e scritti 1948-1987*. Milão: Adelphi, 2018, pp. 217-218.

Qualquer possibilidade de imprimir outra direção ao curso dos acontecimentos depende então da suspensão do seu normal desenvolvimento, lá onde a presença sempre mais recursiva do bloqueio no repertório das lutas contemporâneas seria reconduzida, para além da configuração espacial dos dispositivos de governo metropolitano, a uma inversão na percepção do tempo e do transcurso histórico. Com efeito, a consciência difusa do horizonte "apocalíptico" do capitalismo e da sua aceleração em direção à catástrofe, leva cada vez mais, como escreve o Comitê Invisível, à consciência da necessidade de se sublevar para conter o irreparável e não para favorecer a passagem do "trem da História":

> Nessa mania de bloquear tudo que agora acompanha todo grande movimento, é preciso ler uma clara inversão da relação com o tempo. Nós vemos o futuro como o Anjo da História de Walter Benjamin via o passado. [...] O tempo que passa é percebido como a lenta progressão em direção a um fim provavelmente pavoroso. [...] Por isso é preciso ver toda tentativa de bloquear o sistema global, todo movimento, toda revolta, toda sublevação, como uma tentativa vertical de parar o tempo e de bifurcá-lo em uma direção menos fatal.[20]

Desse modo, é provável que o questionamento sobre o tempo represente a dimensão que melhor se presta a apreender a qualidade política do presente e dos movimentos, ora erodidos, ora superficiais, que obstaculizam a sua reprodução. O que está ocorrendo há muitos meses nos *rondepoints* de todo o território francês encontra nessa perspectiva a sua própria originalidade: habitar as falhas abertas pelos bloqueios da circulação e experimentar uma estranheza não geográfica no

---

[20] COMITÊ INVISÍVEL. *A insurreição que vem.* [s.l.] Edições Baratas, 2013.

campo das metrópoles capitalistas. Trata-se de uma política concreta das experiências nas quais os objetivos, os projetos e as reivindicações, mesmo que presentes, parecem ter importância relativa. Os efeitos acidentais de uma experiência política, hoje mais do que nunca, podem superar os fins explícitos. Aquele ponto nodal que, segundo Mario Tronti, teria ligado, no arco da política moderna, o tempo da projetualidade à história do Sujeito, à sua realização coletiva nas identidades de classe molares, parece uma vez mais ter sido destituído. Por outro lado, uma "migração dos povos", como previsto por Erich Unger no seu *Política e metafísica*, de 1921, é hoje pensável mais no tempo do que no espaço, como diminuição dos ritmos, bifurcações das possibilidades e experimentação de temporalidades vividas. Manter juntos esses fragmentos de tempo, cultivar suas intensidades em uma força duradoura e selar o liame com a "assinatura" de uma ética do combate: eis uma tarefa, de todo aberta, certamente digna do nosso "aqui e agora".

SEM PORQUÊ
O *A PRIORI* EXISTENCIAL DO AGIR DESTITUINTE

Para uma inteira civilização, a hybris dos princípios perdeu a sua credibilidade.

Reiner Schürmann

Em outras palavras, com toda a gravidade do caso e não sem pena: destruição da categoria de universal.

Maurice Blanchot

Viver na aurora das principais economias[21] significa habitar uma época em que a falta de sentido e de pontos de apoio é uma condição geral. Por isso, "decidir" significa também acolher a possibilidade histórica de despojar-se da "vontade"

---

[21] N.d.T.: A palavra "economia" não é tomada aqui no sentido comum de "ciência dos bens escassos" e não evoca nada de quantitativo, referindo-se antes a uma muito específica leitura heideggeriana, explorada por Reiner Schürmann na obra citada por Garau. Como é habitual – e às vezes abusivo e irritante – em Heidegger, a palavra é recriada com base em uma suposta leitura originária de seus radicais gregos. Assim, "eco", que vem de "*hóikos*" (οἶκος), "casa", teria a ver com a ideia de permanência, e "nomia", que descende de "*nómos*" (νομός), "norma", é lida como um tipo de requerimento ou exigência, de maneira que economia seria "aquilo que nos situa", uma espécie de mundivisão (*weltanschauung*) intensificada por dimensões fenomenológicas e ontológicas.

como estamos habituados a entendê-la, tratando-se então de querer o não querer. Isso significa se abster de manter os eventos em um quadro fixo, torná-los constantes, impor-lhes a plena luz e a presença permanente. Em suma, não estancar o fluxo, o desabrochar, a pura *phýsis*.

Revirar o nosso distanciamento do ser mundano, invertendo a relação de dominação e de captura calculadora que o sujeito ocidental impõe ao emergir das coisas, expor-se ao "risco" sem nenhuma proteção, é o modo com o qual Heidegger descreve a atitude poética em um famoso texto de 1946 dedicado a Hölderlin e Rilke.[22] Inverter o estranhamento da experiência em um desapego de si que a custodia e a objetiva, abandonar-se e deixar o mundo ser, eis o significado da *Gelassenheit*[23] heideggeriana. A atitude de "deixar ser" deve corresponder, segundo a interpretação de Reiner Schürmann, à terceira e última trajetória do pensamento heideggeriano, que o autor chama de "topologia do ser". Um abandono que se faz em direção de um abandono, um fluxo que favorece outro fluxo até se tornarem indiscerníveis. Essa abordagem segue e radicaliza, como sabe quem tem familiaridade com o pensamento de Schürmann, a descoberta das "economias epocais". Depois de ter historicizado os "Primeiros",[24] os referentes de legitimação que regem e marcam o passo das diversas "configurações *aleteológicas*" da metafísica

[22] M. HEIDEGGER. A che i poeti? (1946). In: *Holzwege. Sentieri erranti nella selva*. Milão: Bompiani, [1950]2019, pp. 625-750.

[23] N.d.T.: Literalmente "serenidade".

[24] N.d.T.: Aqui Garau escreve "*Primi*", "Primeiros", mas a palavra usada em francês por Schürmann é bastante diversa, "*principe*", "princípio", que carrega em si não apenas um sentido cronológico ("primeiro"), mas também político (principal, príncipe, *princeps*). Para mais detalhes, cf. o meu *A an-arquia que vem: fragmentos de um dicionário de política radical*. São Paulo: sobinfluencia, 2022, pp. 77-96.

ocidental – como figuras da verdade e *arkhái* fundantes, mas também como "estruturas formais do poder" e princípios de comando –, exsurge um puro transcendental do ter lugar, do evento e da ação livre em uma economia "anárquica", para além da metafísica.[25] Trata-se de uma sucessão sistemática, relativa ao pensamento de Heidegger, mas também "destinal", pois pode se desvelar e ser evocada somente em dado momento da "história do ser", o mais "indigente" e arriscado, aquele no qual a técnica e o niilismo trazem a metafísica à luz e a expõem ao seu declínio.

É propriamente o traço ontológico dessa terceira fase do pensamento de Heidegger que assinala, segundo Schürmann, a distância entre a "desconstrução" anárquica por ele proposta e o método "arqueológico"[26] de Foucault, que se limitaria à esfera dos regimes discursivos, dos *a priori* históricos e da *episteme*, ou seja, diria respeito apenas ao estágio das economias epocais, mas ainda sem desenvolver plenamente o seu significado ontológico intrínseco. Há ao menos dois aspectos de grande relevo nessas reflexões da "economia da presença" para uma teoria do agir destituinte. O primeiro é o "*a priori* existencial"[27] da vida *sem porquê* em relação ao pensamento *sem porquê*, à desconstrução teórica dos

---

[25] R. SCHÜRMANN. *Dai principi all'anarchia. Essere e agire in Heidegger*. Vicenza: Neri Pozza, [1982]2019.

[26] R. SCHÜRMANN. *Se constituer soi-même comme sujet anarchique. Trois essais*. Dijon: Le Presses du Réel, [1986]2021. A distância entre o plano ontológico e o epistemológico em relação ao tema do limiar e o do "fora" é também um aspecto decisivo da divergência entre o pensamento foucaultiano e o de Giorgio Agamben, como sublinhado pelo seguinte artigo: C. CROSATO. Costituzione estetica o destituzione estatica. In: *Etica & Politica/Ethics & Politics*, XXII, 2020, 3, pp. 129-168 e p. 134. Disponível em: http://www2.units.it/etica/2020_3/CROSATO.pdf.

[27] A. MARTINENGO. *Introduzione a Reiner Schürmann*. Milão: Meltemi, 2008.

princípios: trata-se de um elemento que pertence diretamente à ascendência eckartiana[28] da filosofia de Schürmann,[29] segundo a qual a via do desapego é acessível somente para quem vive de modo desprendido. *Tiqqun* escreveu, no texto "Uma metafísica crítica poderia nascer como ciência dos dispositivos", as seguintes palavras:

> De fato, que interesse poderiam ter no evento, na superação dos significados e em romper as suas correlações sistemáticas, aqueles que não fizeram a conversão *ek-stática* da atenção? O que poderia significar o deixar-ser, a destruição daquilo que nos separa das coisas, para quem nunca percebeu o *reclamo* do mundo? O que pode entender da existência sem porquê do mundo quem é incapaz de viver sem porquê? Seremos assim tão fortes e numerosos na insurreição para elaborar o ritmo que impede os dispositivos de se reconfigurarem, de absorver o que já aconteceu?

Uma potente diferença entre o materialismo da presença e todas as metafísicas do sujeito – inclusive as da história do pensamento revolucionário – está em questão nessa tensão irresolúvel entre vida e discurso. Tensão e possível coincidência que pouco têm a ver com a dialética. Foucault alude a algo similar

---

[28] R. SCHÜRMANN. *Meister Eckart o la gioia errante*. Roma/Bari: Laterza, 2008.

[29] N.d.T.: Garau faz referência a trabalhos anteriores de Schürmann em que ele se dedica à leitura – e à tradução – de obras do Mestre Eckhart (1260-1328), teólogo alemão medieval que inspirou o citadíssimo verso do padre renascentista e místico Angelus Silesius (1624-1677), segundo o qual: "A rosa é sem porquê, floresce porque floresce". No original: "*Die Rose ist ohne warum; sie blühet weil sie blühet*". Trata-se do dístico I. 289 da obra *O peregrino querubínico*, muitas vezes atribuído ao próprio Eckhart, o que, atrevo-me a dizer, não me parece inadequado diante de uma ontologia do impessoal para a qual o pensamento é comum e não apropriável por certo autor.

em uma entrevista ("Loucura, literatura, sociedade") realizada no Japão em 1970, quando fala da "vertigem violenta" que dele se apodera diante da hipótese de deixar de escrever.[30]

O segundo ponto a se considerar tem a ver com as consequências "políticas" de tais temas, partindo do pressuposto de que o domínio político é o campo da ação, a região que em cada época mostra, mais do que todas as outras, o funcionamento dos "Primeiros", desses ordenamentos de significados em torno dos quais se articula a esfera de uma inteira civilização nos seus diversos momentos históricos: de fato, todo princípio de legitimação, quer se trate da autoridade divina, da "Razão", do "Progresso histórico" ou de uma visão de mundo, funciona de maneira tríplice como *arkhé*, *Ursprung* e *principium*, não só como origem e princípio de razão, portanto, mas também e sobretudo como instância de autoridade. Todo referente coesivo é a base de palavras, ações e coisas em suas mútuas presenças históricas, fornecendo também as bases para uma estruturação de poder. Isso significa, antes de tudo, que um agir político capaz de ajustar as contas com a "virada",[31] com o decaimento das economias epocais e o surgimento de outras, anárquicas, deve se confrontar com

[30] M. FOUCAULT. *Loucura, literatura, sociedade.*

[31] N.d.T.: A *kehre* heideggeriana indica a "virada" no pensamento do autor alemão que levou às reflexões an-árquicas do chamado "último Heidegger", que teria tomado consciência da impossibilidade de completar a analítica existencial do *Dasein* iniciada em *Ser e tempo*, privilegiando então uma posição que desativaria a clássica díade da chamada diferença ontológica (essência x existência), compreendendo que a essência do ser *é* a sua existência. Assim, todo humanismo, voluntarismo, finalismo e teleologismo são abandonados, abrindo espaço para o reconhecimento da ausência de fundamento de qualquer ser ou poder. Nesse sentido, a "virada" referida por Garau diz respeito à passagem dos tempos metafísicos e árquicos àquele em que vivemos, an-árquico, eis que sem princípios tanto no sentido cronológico quanto político.

o fechamento definitivo de qualquer justificação universal e totalizante do poder:

> As filosofias primeiras fornecem ao poder sua estrutura formal. Mais precisamente, a "metafísica" designa o dispositivo em que a ação requer um princípio ao qual se possa reportar palavras, coisas e atos. A ação aparece privada de princípios na época da virada, enquanto a presença vista como identidade última se transforma no vir à presença como diferença irredutível.[32]

O deslocamento a se efetivar, relativo às categorias do agir político, exige a desconstrução da circularidade entre fins e causas, o que Schürmann chama de "teleocrática" ou "arqueoteleocrática", e é reconduzida, no seu corpo a corpo com Heidegger, até os primórdios da filosofia ocidental: à *Física* de Aristóteles.[33]

---

[32] R. SCHÜRMANN. *Dai principi all'anarchia. Op. cit.*, p. 25.

[33] N.d.T.: O paradigma do agir e do devir é transformado, em Aristóteles, no modelo fisicista da produção e do "manipulável". A passagem heideggeriana que Schürmann percorre atribui a Aristóteles uma visão da causalidade que, ainda que mantenha seu caráter temporal de "devir", é plenamente alinhada ao esquema da técnica, das mudanças, ou seja, na qual há um criador. As sucessivas inflexões filosóficas seriam principalmente duas, ambas voltadas à posterior restrição das dimensões temporais: com o pensamento medieval e a ontologia do aristotelismo cristão (Duns Escoto), vai-se da substância ao criador divino como ordem essencial e *principium* imutável, enquanto com o moderno – passando por Descartes e Leibniz –, se transforma em uma ordem de proposições lógicas, fazendo do sujeito a base do conhecimento, da percepção e da representação. O traço epocal do modelo, como molde cheio de variações internas, está então nessa ancoragem do sujeito e da representação, no qual o ego é fundamento e substrato (agora a verdadeira substância) – *hypokéimenon* – e a realidade, uma cena das suas imagens. O elemento de continuidade entre essas figuras, que no princípio do sujeito representativo moderno, e depois ainda mais na tecnologia, atinge o seu ápice, se retrai, se constringe na ficção da duração, se enrijece em uma presença estática e permanente,

Abrir-se à pura diferença, à absoluta multiplicidade do evento, antes que ele seja reduzido à prisão da representação – da "constante presença" e, portanto, à política das instituições. Essa insistência no deslocamento do agir para fora da estrutura do *prós hên*,[34] que dirige o ser para uma unidade de sentido externa, projetada em direção à origem ou ao fim, abre um tipo de ação injustificada, que não se consolida na estabilidade de um sujeito imutável – o "Sujeito" é, ademais, segundo essa interpretação, justamente o último dos princípios hegemônicos. Uma ação *sem porquê*,[35] na qual o originário (*Ursprung*), como pura singularidade daquilo que se dá como o vir à presença "aqui e agora", é separado da *arkhé* (*Anfang*):

> Seja qual for o resultado dos confrontos nas ruas, a insurreição sempre já deslocou o tecido compacto das crenças que permitem o exercício do governo. Por isso, quem tem pressa de enterrar a insurreição não perde tempo tentando remendar o fundamento esmigalhado de uma legitimidade agora perdida. [...] Assim, para tornar a destituição irreversível,

---

constante, que é a diferença, o vir a ser da presença como evento, como fenômeno múltiplo. Ao contrário, o gesto do pensamento e do agir político deveria deixar ser, abandonar.

[34] N.d.T.: Schürmann afirma que todos os princípios da metafísica ocidental funcionaram sob as modalidades do *prós hên* ("em direção ao um") ou do *aph'hênos* ("a partir do um"), o que significa que surgem do uno ou se dirigem ao uno, conformando, em ambos os casos, a ilusão de uma origem unívoca que é também um comando, mas principalmente um modelo voltado para a escravização do pensamento diante da necessidade de convertê-lo em "verdade", ou seja, mero conhecimento quantitativo. Desenvolvo mais detidamente essas ideias em meu *Contrapolíticas da alquimia* (sobinfluencia, 2023).

[35] N.d.T.: É de fato interessante que esse conceito de "vida sem porquê", antes de ser retomado em Heidegger, Renè Char e Schürmann, provenha de Mestre Eckhart, a quem Schürmann dedica uma obra: *Mestre Eckhart ou a alegria errante*.

devemos começar renunciando à *nossa legitimidade*. Devemos abandonar a ideia de que se faz a revolução em nome de algo, que exista uma entidade essencialmente justa e inocente que as forças revolucionárias teriam a tarefa de representar. Não se traz o poder de volta à terra para elevar a si próprio acima dos céus.[36]

O enquadramento e a eficácia de uma constelação epocal, como totalidade do que é pensável e exprimível pela linguagem, aflora somente quando uma era chega a seu fim, ou seja, nos momentos precários de cesura, na instabilidade aleatória que se forma entre a decomposição de uma ordem e um novo ato fundador. Por sua vez, a arquitetura epocal em sua complexidade, e por trás dela a estrutura do "vir à presença" como condição transcendental e trans-histórica das figuras de domínio, na qual reside a sua origem sem princípio e sua contingência fenomênica, se desvela apenas quando a "virada" maior está se desenvolvendo.

As referências de legitimação política são suspensas, mesmo em momentos precisos e historicamente localizáveis de breves interlúdios entre uma ordem e outra, nos quais se mostra a indeterminação da ação livre: Schürmann cita, afastando-se abertamente das avaliações de Heidegger, a Comuna de 1871, os soviéties de 1905 e de 1917 e as repúblicas conselhistas alemãs de 1918. Em primeiro lugar, o que parece mais interessante é o fato de que com a "virada" fechando a sequência dos princípios, se dê um abandono que não é mais passageiro ou relativo, mas diz respeito ao enquadramento mesmo das instituições; em segundo lugar, há a referência à necessidade de que a desconstrução, de maneira a pôr as condições negativas

---

[36] COMITÊ INVISÍVEL. *A insurreição que vem*. [s.l.] Edições Baratas, 2013.

para uma livre sequência do agir marcado pela pluralização, tenha no momento dessa passagem também um lado ativo e ofensivo, no qual a imobilização autoritária da presença nas representações seja levada a seu declínio:

> O campo livre da abertura – chamado primeiro de *Dasein*, depois "época da verdade" – é aquele no qual todo fenômeno "já sempre" aparece. Todavia, ele precisa ser libertado expressamente, o que exige determinadas condições. Mas o que impediu a autolibertação da liberdade? Certa representação de um Primeiro metafísico. Disso deriva que a desconstrução é completa somente como luta contra os princípios epocais, contra os *príncipes* que reinam e os *principia* que comandam.[37]

A desconstrução deve enfrentar os princípios que se mantêm *enquanto declinantes*, a lei como vigência sem significado, ou seja, a sua figura mais catastrófica. Tal plexo de intuições indica que, para além das avaliações políticas do próprio autor, a ideia de caráter destituinte pode ser rastreada como uma sombra e um reflexo incompleto, mas onipresente, em todos os eventos revolucionários do passado. Sugere também, para usar as palavras do Comitê Invisível, que é preciso operar uma divisão e um corte na própria ideia de insurreição, bem como em sua herança histórica. As páginas de Maurice Blanchot sobre o Maio de 68 são um brilhante exemplo de como individuar essa vocação destituinte e lhe dar uma escritura. Em *A comunidade inconfessável*, escrito em 1984, Blanchot sublinha com tons nos quais se reconhece a influência de Heidegger, essa coexistência de presença e ausência, um dar-se do evento que nunca é completo, estável, realizado de uma vez por todas, mas sempre pronto para se retrair na

---

[37] R. SCHÜRMANN. *Dai principî all'anarchia*, cit., p. 180.

sombra de que provém. Uma "pura presença", diz o escritor, que exatamente enquanto tal, ou seja, privada de atributos fundantes, pressupostos ou identidades que lhe informem os contornos e delimitem o acesso, está sempre também na ausência, nunca plenamente disponível à compreensão ou à integração. Uma "troca virtual", afirma Blanchot, entre presença e ausência comuns, na qual o único povo que se concretiza é o da amizade, dos comitês e dos grupos ocasionais.[38] Essa experiência inicial do "não estruturável", de um fora aleatório que se manifesta sem nunca ser plenamente atingível, e que, portanto, deve ser prolongado e renovado na contingência fenomênica *a cada vez*, é evocada já há muitos anos em um escrito sobre o Maio de 68 que remonta ao desenrolar dos acontecimentos, com o título *Afirmar a ruptura*:

> Provocar a ruptura não significa apenas extrair as forças que tendem a romper sua integração com a sociedade constituída; significa fazer de modo que, realmente e a cada vez que se cumpre a recusa, e sem deixar de ser uma recusa ativa, não se trate apenas de um momento negativo. Politicamente e filosoficamente, esse é um dos traços mais fortes do movimento. [...] Evidentemente, a teoria não consiste na elaboração de um programa, e sim, para além de qualquer projeto, na manutenção de uma recusa que afirma, ao extrair ou ao manter uma afirmação que não retorna à ordem, que perturba e se perturba, em relação com a não-conciliação, com a desordem, com o não-estruturável.[39]

---

[38] A parte de *A comunidade inconfessável*, aqui já citada, dedicada ao Maio de 68 é o capítulo intitulado "A comunidade dos amantes";

[39] M. BLANCHOT. *Affermare la rottura*.

É curioso notar que os aspectos sobre os quais Blanchot se refere são mais ou menos os mesmos assinalados pelo Coletivo Situaciones para indicar, nas sublevações argentinas de 2001, os lineamentos de uma "insurreição de tipo novo". Os pesquisadores argentinos veem na rejeição da representação e do terreno institucional, estigmatizado pela maior parte dos observadores da esquerda como uma falta de "positividade" do movimento, o seu ponto mais original. De fato, seu ser "sem sujeito" e sua alusão a um "não positivo" deixam um espaço vazio em que, no lugar dos programas políticos, se insinua a natureza ética e situacional da revolta. Nesse entrelaçamento entre a opacidade de fundo – tanto das causas quanto dos agentes – e a sua ancoragem em um circuito de realizações cooperativas e autônomas ("socialização alternativa", dizem infelizmente os autores), se dá a vocação destituinte da insurreição. A imagem recorrente da comuna e a comunicação explosiva, na sua intensidade, nutrem a afirmação da recusa: assim, se há uma qualificação política, não está em uma passagem dialética posterior, para além da fugaz experiência da revolta, mas dentro dela própria, nos "pontos nodais" sem premissas que nela tomam corpo. Se pensarmos na obstinação desesperada com que velhos e novos representantes políticos perseguem de modo espasmódico a precipitação das lutas, o seu devir, buscando mantê-las em uma sedimentação permanente da qual possam *tirar* algo, na busca extenuante que ativistas e aspirantes a porta-vozes levam a efeito para *provocar* os eventos a assumir certa forma política pré-definida, como na extração de uma identidade, vemos claramente quanta metafísica existe até mesmo nos reflexos herdados por parte da militância antagonista. O caso dos *gilets jaunes* é quase ridiculamente exemplar devido ao modo grotesco com que tantos, depois de terem ignorado a novidade das coisas, tentaram manter vivo – agindo como ventríloquos – um invólucro então abandonado e deixado para trás. Certamente serei perdoado pela aplicação desajeitada e impressionista de conceitos filosóficos pomposos a questões tão banais, mas parece que o esquema comparece sempre de maneira invariável e um pouco por todo lado, e até mesmo o livro *Piqueteros*, no fundo, não está de todo isento dessa tendência.[40]

A abertura histórica que depõe a figura do "Sujeito" é a mesma que corrói a projetualidade linear e coerente, sustentada pelas dimensões de ligação ínsitas à objetividade das causas que permitem estabelecer uma clara relação de determinação no desencadeamento dos movimentos sociais. Conforme sustentado por Tronti alguns anos mais tarde, as revoltas metropolitanas se mostram no novo milênio como forças destituintes exatamente porque lhes falta um agente consciente e dotado de visão própria, como aquele no qual a política moderna encontrava o seu fundamento. A modernidade é a história do político, como Tronti sustenta desde *O crepúsculo da política*, porque se liga às peripécias da subjetividade no seu fazer-se sempre mais coletiva e potente, sendo o "movimento operário" sua grande, última e falida encarnação. Dessa maneira, a crise do movimento operário é, em última instância, a crise do político, da modernidade e do próprio "Sujeito", tudo isso no mesmo "trágico" momento histórico.

Na análise do Coletivo Situaciones há, por assim dizer, uma primeira elaboração dessa falta, ainda que confusa

---

[40] De fato, a orientação pós-operaísta dos autores os impede de levar a cabo o desmoronamento do sujeito – e de uma composição subjetiva legível –, o que, contudo, veem com clarividência. A inserção do Coletivo Situaciones, assim como o aprofundamento das analogias entre o seu discurso e o de Maurice Blanchot, me foram sugeridas pelo trabalho de Marcello Tarì.

e contraditória. Na narrativa das jornadas de sublevação de 2001, em Buenos Aires, percebe-se esse fio que liga a perda da centralidade operária, e de seu movimento como último modo histórico da emancipação política centrada em uma subjetividade "molar" – portanto, na formulação de suas aspirações partidárias em termos de universalidade histórica – à crise do sujeito em sua totalidade e à do político como projeto instituinte e global. Nas intuições contidas nessas teses, diferentemente do que ocorre em Tronti, a tonalidade do discurso não é pessimista, mas voltada para a aceitação das potencialidades dessas crises e de seu caráter libertador, como fará mais tarde e melhor o Comitê Invisível: o fim dos pontos fixos, a desorientação e a morte de algo como a "política", em suma, não são tomados como uma derrota irreparável, e sim como um estado de fato e uma arma.

A fragmentariedade e a intensidade dos eventos nessas revoltas, enquanto conflitos privados de transcendência política, incapazes de um horizonte de desenvolvimento como aqueles que conhecemos na história socialista do século XX, dependem de tais fatores; a impossibilidade de uma totalização histórica que passe pela generalização de um sujeito e a use como ponto de apoio, o desaparecimento de um acesso à "totalidade" – ao interesse geral, ao universal, ao comum – como a conhecíamos, são o que a categoria de "potência destituinte" procura traduzir e interrogar. Assim, tais elementos deixam de ser simplesmente relegados à negatividade e à falta, como se as revoltas fossem um aborto da razão histórica, uma paralisação sem saída, para tentar encontrar o "como" de uma consistência política diferente e dotada de uma causalidade própria e específica.

Por exemplo, em uma passagem notável, o Coletivo Situaciones enfatiza o funcionamento do jogo de causas heterogêneas que convergem na revolta e que a um certo ponto se condensam e atingem um "ponto de fusão". O mais significativo e atual de seu discurso é que as muitas vivências, as memórias de opressões, as razões de raiva e as "camadas de tempo" que se entrelaçam na luta não se unificam em torno de um significante hegemônico, à articulação hierárquica de um ritmo unitário que ainda seria aquele do projeto político clássico, mas nem por isso vagam segundo um andamento casual e acêntrico. Não há um acúmulo quantitativo que, peça por peça, atinge o limiar qualitativo que converte o descontentamento em revolta, fazendo o copo transbordar, e também não encontramos uma causa determinante de tipo estrutural, segundo os esquemas de um marxismo mais ou menos revisitado, mas a composição magmática de razões e descontentamentos menores e separados que, a certo ponto, segundo uma dinâmica opaca, mas concreta e material, se unem e se transformam em "causas", fazendo com que a normalidade não seja suportável nem mesmo por mais um dia.[41]

É importante frisar que nenhuma dessas memórias e apelos, se consideradas em si mesmas e antes que o evento da revolta tivesse acontecido nos dias 19 e 20 de dezembro de 2001, constituía uma causa válida: nem a reestruturação do mercado de trabalho e as políticas vexatórias do Fundo Monetário Internacional, nem mesmo a erosão dos serviços públicos e os episódios de repressão impiedosa por parte da

---

[41] N.d.T.: Não resisto a chamar a atenção do leitor para o fato de que essas características indicadas por Garau para caracterizar as revoltas argentinas de 2001 se aplicam à perfeição ao junho de 2013 brasileiro, hoje condenado por boa parte da esquerda ortodoxa, que nele vê, de maneira totalmente irresponsável, revanchista e partidária, o gérmen do bolsonarismo.

polícia, que chega a assassinar dois manifestantes. Contudo, em certo momento, com a declaração do estado de sítio, depois de vários dias de saques nos supermercados dos bairros pobres da capital, os sofrimentos isolados formam uma constelação e explodem sem aviso prévio:

> Em todo caso, não se tratou de uma "acumulação" no sentido mecânico e determinista, segundo o qual uma gota – o estado de sítio, por exemplo – leva o copo a transbordar. Nenhuma dessas memórias heterogêneas pode ser entendida como causa se considerada separadamente, dado que agem como tal apenas quando entram na dinâmica que as atualiza. O ponto de fusão no qual todos os elementos convergentes perdem o próprio estado sólido para se fundir entre eles, dando lugar a uma nova realidade, foi atingido efetivamente com o estado de sítio.[42]

Assim, a destituição é também um mecanismo que desativa as temporalidades e os regimes causais, códigos que no passado

---

[42] COLETIVO SITUACIONES. *Op. cit.*, p. 85. Para tanto, os autores evocam a categoria althusseriana da "sobredeterminação" (p. 84) que, no entanto, parece ser, para além da simples sugestão, bastante forçada e mal compreendida, dado que ela indica em Althusser uma articulação complexa e hierarquizada das instâncias sociais que, de fato, é sem centro, não linear ou transitiva – portanto, não transparente –, mas que de qualquer forma é reconduzível ao deslocamento de uma eficácia estrutural por meio da qual se valida o fator em última instância dominante, qual seja, o das relações econômicas de produção. Parece mais apropriado aproximar as ideias do Coletivo Situaciones das reflexões de Alain Badiou sobre a categoria heideggeriana do "Evento" (*Ereignis*), que nos vários "procedimentos de verdade", entre os quais está a política revolucionária, abre o próprio "campo de eventos". Tal corresponde às situações que abrem o espaço ao Evento, cujos fatores, todavia, não podem ser medidos de modo prévio quanto à sua eficácia causal, exceto em termos de fé ou aposta. Cf. A. BADIOU. *L'ipotesi comunista*. Nápoles: Cronopio, [2009]2011; A. BADIOU. *Abrégé de métapolitique*. Paris: Seuil, 1998.

permitiam ler os movimentos de luta, prevê-los e explicar suas motivações. Desse modo, se libertam as temporalidades múltiplas, as "fibras de tempo"[43] que jazem sob a crosta de um domínio capitalista que atua precisamente absorvendo no quadro regulativo de um tempo único e abstrato – espacializado – as fragmentações cronológicas das experiências, das vivências e dos "mundos" que cada luta abre. De fato, segundo o filósofo Bernard Aspe, todo autêntico "coletivo" – filosófico, artístico, mas sobretudo uma coletividade política de tipo revolucionário – toma corpo na afirmação de um "tempo comum", que para viver deve se subtrair ao dispositivo de sincronização da economia e da síntese capitalistas.

Precisamente quando o limiar da existência individual permanece limitado ao isolamento privado do tempo subjetivo, quando se cancela todo vínculo intensivo, vivido e concreto com tempos outros, o único ponto de apoio para organizar a existência é a referência ao tempo abstrato. Para Aspe, a aliança entre os tempos privados – das atividades cotidianas, digamos – e o tempo abstrato é exatamente o que impede a formação dos tempos comuns: estou a tal ponto isolado no meu tempo pessoal que não tenho nenhuma ligação diferente daquela com o mostrador dos relógios. Nesse sentido, a obra de "sincronização" entre os tempos discordantes se torna uma função monopolizada pelo capitalismo, expropriada do nosso espectro de capacidades existenciais e, portanto, políticas. O mundo da dominação econômica é o tempo que se impõe sobre todos os outros, a articulação estranha e artificial de múltiplas temporalidades:

---

[43] B. ASPE. *Les fibres du temps*. Caen: Nous, 2018. Um outro livro válido, que também usa as teses de Rancière sobre a temporalidade autônoma dos momentos políticos, é J. RAFANELL i ORRA. *Fragmenter le monde: contribution à la commune en cours*. Paris: Divergences, 2018.

O capitalismo contemporâneo repousa sobre a articulação entre a forma vazia do tempo dos relógios e a multiplicidade díspar dos tempos que ele subsume. Em outras palavras, repousa sobre o monopólio de uma sincronização exterior aos processos e às atividades cuja sintonia ele permite. Uma sincronização que não passa apenas pelo tique-taque do relógio, ainda que ele continue a simbolizar o principal recurso do capitalismo, já que essa sincronia passa também pela necessidade que se impõe a todos de seguir a evolução dos dispositivos de comunicação que, eles também, desdobram o espaço de uma sincronia planetária.[44]

A violência destituinte das sublevações desencadeia essas temporalidades plurais aprisionadas e comprimidas, lhes dá a possibilidade de se manifestarem, mas também, consequentemente, de concordarem e soarem juntas, de sair do isolamento evitando a cacofonia. O modo pelo qual a revolta se expande e pode se transformar em revolução, como escreve o Comitê Invisível em uma passagem sugestiva do texto *Mise au point*, de 2009, não se assemelha ao incêndio em uma floresta, não segue um processo cronológico ou de "contágio" contínuo e gradual, ainda que rápido, mas se relaciona a tempos de ressonâncias e a vibrações que ligam lugares distantes em uma correspondência rítmica que tem algo de "musical":

> Um movimento revolucionário não se difunde por contaminação, mas por ressonância. Algo que se constitui aqui ressoa graças à onda de choque emitida de algo que se constitui lá. O corpo que ressoa o faz de acordo com o modo que lhe é próprio. Uma insurreição não é como a propagação da peste ou o fogo em uma floresta – processo linear que se estenderia

[44] *Ivi.* p. 284.

às proximidades a partir de uma primeira fagulha. Trata-se, diferentemente, de algo que toma forma como uma música, e as suas localizações, ainda que dispersas no tempo e no espaço, impõem o ritmo das próprias vibrações. Ganham cada vez mais consistência, a ponto de o retorno à normalidade não ser mais desejável ou praticável.[45]

Por seu turno, já em 2001 o *Tiqqun* escrevia de modo evocativo que "em certo sentido, a questão revolucionária é agora uma questão musical."[46]

A dinâmica das revoltas, dos *riots*, mas também das zonas autônomas, dos bloqueios e das ocupações de espaços residenciais que surgiram nos recentes ciclos de luta – em especial na Argentina – junto com episódios de confronto, são assim reportados a um regime próprio de racionalidade e de determinação histórica, escapando de posturas catastróficas ou nostálgicas que os esvaziam e recalcam seus conteúdos. Pode-se dizer, parafraseando Sylvain Lazarus, que a politicidade das revoltas, da ação direta e das novas gramáticas destituintes do antagonismo contemporâneo corresponde à "saturação" e não ao mero cancelamento destruidor dos "modos históricos de emancipação" anteriores:[47] entre o velho e o

[45] COMITÉ INVISIBLE. *Mise au point* (2009). Disponível em: http://bloom0101.org/miseaupointci.pdf. Acesso em: 02 mar. 2021.

[46] TIQQUN n. 2. *Una metafisica critica potrebbe nascere come scienza dei dispositivi* (2001). Disponível em: http://bloom0101.org/wp-content/uploads/2015/02/ITALdispo.pdf. Acesso em: 03 mar. 2021. Originalmente incluído no segundo número da revista.

[47] Para além dos escritos políticos, alguns originalmente divulgados com o pseudônimo Paul Sandevince e recolhidos em *A inteligência da política* (*L'intelligence de la politique*), o trabalho fundamental de Lazarus, no qual se desenvolve, a partir de um ponto de vista teórico-filosófico, o conceito de "modo histórico da política", é *Anthropologie du nom* (*Antropologia do nome*). Paris: Seuil, 1996.

novo há tanto uma absoluta descontinuidade de linguagens, práticas e métodos quanto uma paradoxal continuidade que transmuta e coloca diversamente as mesmas perguntas subterrâneas, forçando seu léxico e ultrapassando seus limites. Dessa maneira, se não há mais vestígios dos lemas que governaram o vocabulário da tradição revolucionária em sua inteireza – projeto, classe, partido, revolução –, persistem as problemáticas e os "lugares" políticos a que esses termos respondiam, deslocados para outras zonas e transformados em algo diverso. Tornados irreconhecíveis.

De fato, a destituição é, como já se disse, uma sombra e um problema não resolvidos que percorrem os movimentos revolucionários no curso de toda sua história, na medida em que o fracasso e os vícios das revoluções derrotadas sempre estiveram na incapacidade de custodiar a abertura da revolta como evento – laceração estática do *continuum* histórico – dentro da duração da revolução como processo. Certamente aprendemos, com algumas leituras filosóficas importantes, que onde se pressente uma dualidade, uma máquina binária (cujos polos sempre são postos, ilusoriamente, como irrelatos), ela deve ser quebrada, profanada. Todo o problema de cultivar e delinear um "fora", a verdadeira questão revolucionária do nosso tempo, emerge nesse plexo de conceitos e deve ajustar as contas com o funcionamento dos dispositivos, dos "limiares de politização" e, portanto, com a relação controversa e indecidível que estabelece limites e transgressões. As investigações de Foucault sobre a literatura, sobre Bataille, Blanchot, Roussel, mas também sobre as vidas infames e suas aparições nos arquivos, têm a ver com tal dinâmica, na qual a superação dos pontos liminares carrega consigo, projeta para a frente o confim que viola.[48]

O desdobramento conceitual e político dessa evidência corresponde à configuração do fora como uma dobra, uma concavidade do dentro, já que, se o sujeito é uma incrustação dos dispositivos de poder, abrir um fora significa alargar e manter aberto o máximo possível a brecha que se cria entre a ruptura do desassujeitamento – dessubjetivação – e as redefinições do enquadramento subjetivo como, por exemplo, nas representações da política. Aqui reside um campo de tensões e uma notável aporia das investigações foucaultianas, já que se toca a fronteira do diagrama formado pelos poderes, um vazio escavado no seu interior e não em um espaço localizável qualquer. Trata-se do problema da interseção entre ética e política, das "contracondutas" e das formas de vida: podem se dar operações sobre a existência individual que mantenham um vazio de "dessubjetivação" suficientemente amplo, de maneira a não recair imediatamente no campo de influência do governo e da sua rede de assujeitamentos? Essa alteridade pode ser efetiva e se difundir, comunicando-se com o repertório da política, ainda que em uma acepção original e inédita?

---

[48] Não só o trabalho de Crossato antes citado, mas também: S. LUCE. *Fuori di sé. Poteri e soggettivazioni in Michel Foucault*. Milão/Udine: Mimesis, 2009; S. LUCE. La doublure di Foucault. Il pensiero del "fuori" e le pratiche del vero. *Materiali foucaultiani*, 4.7-8, 2015. Disponível em: http://www.materialifoucaultiani.org/it/rivista/volume-iv-numero-7-8.html. Acesso em: 16 maio 2021, pp. 123-136; B. MORONCINI. Foucault e il pensiero del fuori. In: *Dopo Foucault: genealogie del postmoderno*. Milão: Mimesis, 2007, pp. 245-262. F. RAMBEAU. *Lo sciopero della politica*. Foucault e la rivoluzione *soggettiva*. *Materiali foucaultiani*, 4.7-8, 2015, *cit.*, pp. 83-96. S. VACCARO. Foucault: dall'etopoiesi all'etopolitica. *Materiali foucaultiani*, 4.7-8, 2015, *cit.*, pp. 67-82. Confira-se ainda, do mesmo autor: *Anarchist studies. Una critica degli assiomi culturali*. Milão: Eleuthera, 2016.

Revisitar a história revolucionária tem então um significado eminentemente prático: o de ligar os embriões de autonomia – políticos e materiais – à óptica estratégica de uma reviravolta do sistema. Partir do próximo, do situado e do perceptível, mas não para abandoná-los: nem reproposição dos velhos paradigmas políticos, nem retirada privatística nas ilhas de uma alternativa tolerada e compatível; nem os velhos sonhos revolucionários, nem os nichos inofensivos do "cuidado de si" neoliberal. Aqui está o significado programático da já evocada divisão da própria ideia de insurreição ou revolução: o núcleo destituinte das atmosferas políticas subversivas já passadas é isolável da sua recaída na ciclicidade ininterrupta das estruturas de poder? O fato de Agamben operar uma transformação terminológica, em dois textos mais ou menos do mesmo período, é significativo. Em uma intervenção de 2013, *Rumo a uma teoria da potência destituinte* (*Vers une théorie de la puissance destituante*), durante um seminário na França com o título *Desfazer o Ocidente* (*Défaire l'Occident*), ele exprime exatamente a necessidade de pensar o conflito e a violência em outros termos, sublinhando o risco, para as lutas contemporâneas, de recair inteiramente nos esquemas do passado:

> Sempre vimos as revoluções acontecerem deste modo: há uma violência que constituirá os direitos, um novo direito, e depois haverá um novo poder constituído que se põe no seu lugar. Mas se fôssemos capazes de pensar um poder puramente destituinte, talvez conseguíssemos romper essa dialética entre poder constituinte e poder constituído que representou, como vocês sabem, a tragédia da Revolução. Foi o que aconteceu e se vê ainda agora por todos os cantos, por exemplo, nas revoluções da Primavera Árabe. Foram imediatamente feitas

assembleias constituintes e a elas se seguiu algo pior do que havia antes [...]. Isso nos obriga a elaborar uma estratégia bem diferente. Por exemplo, caso se pense uma violência, ela deve ser puramente destituinte. É preciso ter atenção: se é uma violência que constituirá um novo direito, perdemos. Assim, é necessário pensar os conceitos de revolução e de insurreição de outra maneira, o que não é fácil.[49]

Ademais, no epílogo de *O uso dos corpos* intitulado "Para uma teoria da potência destituinte" – que, em larga medida, é uma reelaboração da intervenção citada –, se diz que ao poder constituinte "correspondem revoluções, movimentos e novas constituições",[50] ou seja, uma violência que põe o direito, enquanto a potência destituinte deve encontrar estratégias inteiramente novas. Mudança de ênfase não desprezível que testemunha como esse ponto é difícil, relacionando-se à mais profunda relevância política da ideia de destituição.

A definição de "espiritualidade política" alude àquela natureza ética, de aderência à integralidade de uma forma de vida coletiva sem a qual não há saída dos pontos críticos identificados. Trata-se de uma ideia utilizada por Foucault nas suas intervenções dos anos 1970 sobre a revolução iraniana. Essa particularidade é significativa, e a validade dessa intuição vai além dos seus controversos desenvolvimentos e dos debates que dela decorreram.[51] A possibilidade de uma

---

[49] G. AGAMBEN. *Vers une théorie de la puissance destituante.* Disponível em: https://lundi.am/vers-une-theorie-de-la-puissance-destituante-Par-Giorgio-Agamben. Acesso em: 10 maio 2021.

[50] G. AGAMBEN. *L'uso dei corpi, cit.*, p. 337.

[51] Foucault escreve uma carta aberta ao primeiro-ministro Mehdi Bazargan, denunciando a repressão dos opositores políticos, em abril de 1979. Aparece no *Le Nouvel Observateur*.

revolta que codifica as próprias aspirações fora da gramática ideológica, dos programas políticos e das visões ocidentais da subjetividade parece aqui ser essencial: a rebelião popular pode se ancorar a uma visão geral da existência, a um imaginário e a uma racionalidade histórica diversas daquelas da modernidade europeia. Aqui não é relevante o caso específico do islã xiita, e sim a relação singular que se estabelece entre a operação sobre a subjetividade, a ruptura do assujeitamento político e o possível alargamento social das "contra-condutas". Na complexa e mal resolvida relação que Foucault traça entre a estética dos comportamentos, os estilos "ético--poiéticos"[52] e o conflito social, há uma clara individuação de um limite extremo do político como o conhecemos, emergindo uma problemática que as perspectivas hodiernas do anticapitalismo não podem ignorar: o "fora como concavidade do dentro", justamente como diz Vaccaro parafraseando Foucault. Se as aspirações revolucionárias sempre tiveram uma ligação – mais ou menos secularizada – com a escatologia e com a sua experiência do tempo, de modo que as suas diversas encarnações podem ser distribuídas ao longo de um eixo de percepção da temporalidade que inevitavelmente corresponde a certa "espiritualidade", é evidente que o campo da política hoje não responde mais a essa questão.

Mais precisamente, a exigência de que se fala é um efeito, um apelo imediato que o horizonte de transformação dirige à vida do sujeito, à sua condição e às suas escolhas cotidianas. Em outras palavras, a chamada para acabar com o mundo como ele é não pode abrir mão de viver diversamente

---

[52] S. VACCARO. Foucault: dall'etopoiesi all'etopolitica. *Materiali foucaultiani*, 4.7-8, 2015, *cit.*, pp. 67-82.

contra ele, esteja ou não essa possibilidade consubstanciada em uma comunidade já desenvolvida:

> A escatologia religiosa constitui o conteúdo positivo, afirmativo daquela sublevação que não é somente uma recusa do regime existente, que nem mesmo tem a ver com uma organização política, sendo antes de tudo uma percepção coletiva: a reivindicação de um outro mundo neste mundo, ou seja, de uma outra maneira de viver. A experiência espiritual torna essa sublevação irredutível às lutas contra a dominação (a luta contra o imperialismo americano) e às lutas contra a exploração (a luta de classes).[53]

Por essa razão, as realizações sociais alternativas, as experimentações de formas de vida e de autogestão não têm apenas o valor "técnico" de colocar à prova as estruturas materiais e organizativas, mas também aquele ético de dar consistência à demanda em questão. Trata-se de um valor de "contrassubjetivação", que pode se resolver no domínio individual ou se tornar plural e comunitário. Dito de outra maneira, a universalidade do Ocidente sempre esteve assediada pela ofensiva centrífuga de coletividades subtrativas, e continua a sê-lo: a alteridade por trás da ficção unitária da cidadania, a parcialidade irrevogável sob a neutralização transparente das redes biopolíticas, o fora intensivo na integração plana de qualquer diferença. As páginas de *Tiqqun* na sua *Introdução à guerra civil* em que se retoma Elias e o conceito de "curialização dos guerreiros"[54] são um afresco preciso desse processo em que o

---

[53] F. RAMBEAU. *Lo sciopero della politica. Foucault e la rivoluzione soggettiva*, cit., p. 89.

[54] N.d.T.: Processo descrito por Norbert Elias em sua obra *O processo civilizador* no qual se dá a reunião dos nobres em torno do rei, surgindo

"Grande Fora" (crimes, transgressões, anormalidades e revoluções operárias) e o "Dentro" colapsam um no outro, obrigando-nos finalmente a pensar o fora no interior do tecido transparente da biopolítica como ponto de opacidade, tanto nos sujeitos quanto nos corpos. Talvez esse seja o único fio vermelho que mantém unida uma longa tradição dos oprimidos, composta de fragmentos e de cenas descontínuas, que vai do anabatismo aos albores do movimento comunista.

A peculiaridade que Foucault atribuiu ao caso iraniano, a sua dependência de um *éthos* e de uma percepção compartilhada, de fato, não é de todo ausente do espectro mais vasto das lutas revolucionárias: como assinala Frédéric Rambeau, essa particularidade não escapa a Foucault quando aprofunda, em *A hermenêutica do sujeito* e em *A coragem da verdade*, a relação entre a militância revolucionária e o fenômeno da conversão, como exercício de uma renovação radical do sujeito:

> Por fim, não se deve esquecer que, a partir do século XIX, a noção de conversão se introduziu, de maneira espetacular e, podemos dizer até dramática, tanto no pensamento político quanto na prática, na experiência e na vida política. Um dia, também deveremos fazer a história daquilo que podemos chamar de subjetividade revolucionária. […] Portanto, creio que não seja possível compreender o que foi, na mesma época, o indivíduo revolucionário, e no que consistia para ele a experiência da revolução, se não se leva em conta a noção e o esquema fundamental da conversão à revolução.[55]

---

assim as modas, os códigos cavalheirescos e a estilização da vida cortesã, ao mesmo tempo que o monarca reserva para si o monopólio da violência.

[55] M. FOUCAULT. *A hermenêutica do sujeito*. São Paulo: WMF Martins Fontes, 2010.

Um "militantismo no mundo contra o mundo",[56] diz ainda Foucault, uma vida outra para um mundo outro, que substancia "o escândalo da vida revolucionária como escândalo da verdade."[57] Nas demais lutas – anticoloniais, de classe, populares e comunistas –, não parece que o efeito sobre as condutas seja menos potente do que nesse fenômeno, que não carrega consigo a delimitação de um recorte biográfico. Com efeito, Foucault cita os movimentos niilistas, anárquicos e comunistas, chegando até aos grupos *gauchistes* que lhe eram contemporâneos e às origens do próprio Partido Comunista Francês nos anos 1920, todos exemplos de uma militância que é também um estilo de vida, manifestação de uma verdade inaceitável, perigosa. Entretanto, parece que Foucault entende ser precário o nexo entre a verdade escandalosa da conversão e o campo global da estratégia política (assimilado *tout court* à institucionalização do partido e do aparato), supondo no fundo uma tensão e uma dicotomia entre a dinâmica da evasão do assujeitamento, da "dessubjetivação" e das técnicas de si – que seriam, por sua própria natureza, impolíticas, estéticas e éticas, ligadas ao imaginário religioso que sustentou a sublevação iraniana – e outras formas de organização política revolucionária que atravessaram os séculos XIX e XX. A história dos partidos comunistas seria paradigmática porque traça um arco de desenvolvimento que leva à exceção subjetiva das condutas, obstinadamente manifestada em uma estética da existência e em formas de vida que rompem com aquilo comumente aceito, a se degradar e a ser reabsorvida na aceitação conformista das normas sociais. O signo da política

---

[56] M. FOUCAULT. *A coragem da verdade*. São Paulo: WMF Martins Fontes, 2011.
[57] *Ivi*. p. 181.

revolucionária como um todo, ao longo da história europeia, estaria nessa neutralização da militância:

> De modo que o escândalo da vida revolucionária – como forma de vida que, em ruptura com a vida comumente admitida, faz aparecer a verdade e a testemunha – se degrada nas estruturas institucionais do Partido Comunista Francês, com a adoção dos valores aprendidos, dos comportamentos habituais, dos esquemas de conduta tradicionais [...]. Pode-se imaginar no que consistiria essa análise, de qualquer forma importante, dos estilos de vida nos movimentos revolucionários europeus: uma análise que, até onde eu sei, nunca foi feita. Seria uma questão de entender de que modo a ideia de um cinismo da vida revolucionária, como escândalo de uma verdade inaceitável, teria sido contraposta à definição de uma conformidade da existência: uma conformidade concebida como condição do militantismo nos partidos que se dizem revolucionários.[58]

Foucault ainda escreve em *A hermenêutica do sujeito*: "Ademais, se deveria examinar de que modo se passou do pertencimento à revolução, por meio do esquema da conversão, à participação nela mediante a adesão a um partido."[59] Em síntese, parece que quando se rompe a plena coincidência entre a identidade dos sujeitos e os dispositivos de poder, quando efetivamente se atinge um "fora" relativo, um limiar de estranheza em relação ao governo, são postas em jogo dimensões transcendentes que escapam à política e lhe são posteriores. Entretanto, pode-se pensar em uma "política possível" que

---

[58] M. FOUCAULT. *A coragem da verdade*. São Paulo: WMF Martins Fontes, 2011.
[59] M. FOUCAULT. *A hermenêutica do sujeito*. São Paulo: WMF Martins Fontes, 2010.

escape tanto ao assujeitamento quanto ao "governo de si" que, é bom lembrar, Foucault associa sempre, nas suas análises sobre a Grécia clássica, a um modelo ótimo de governo dos outros, de condução das almas e dos corpos. Não por acaso, no início de seu último curso, declara querer remontar à origem daquelas práticas tipificadas do discurso da verdade e da constituição do sujeito que se formaram em torno da confissão, passando pelas diversas formas de direção de consciência e chegando ao poder pastoral e às suas derivações modernas presentes no controle médico e político. Desse modo, tanto uma militância em que a instituição tenha substituído a verdade quanto um recuo sobre o cuidado de si como incrustação das disciplinas e dos poderes, completando o discurso, parecem problemáticas, confirmando que, quando se delineia uma máquina binária, provavelmente é preciso destruí-la:

> A força da interrupção tende a abrir um espaço heterotípico dentro do *tópos* disciplinar e governamental, com a finalidade de operar o limiar móvel do fora como uma concavidade do dentro a partir do qual prosseguir a excedência radical de sentido e de imaginário em relação aos confins do *politicum possibile*. A herança dos cínicos, ao longo de um percurso histórico em que obviamente mudaram as condições e os contextos de sentido, é assumida pelo dissidente radical, pelo revolucionário portador de um mundo novo no próprio coração, e não apenas vetor de uma particular análise ideológica do mundo ou de um projeto político. Se a *parrhesía* declina o falar-franco também no sentido estético da existência, ou seja, como prefiguração visível, como testemunha mundana e não transcendental de uma organização da sociedade

diferente, então a revolução funcionou como princípio que produziu certo modo de vida.[60]

Contudo, o fato de Foucault falar de uma "espiritualidade política" – nos escritos sobre a Revolução Iraniana, mas também no seu último curso de 1984, *A coragem da verdade* – e colocar a conversão na origem da militância revolucionária, uma vez mais como transfiguração do sujeito, mostra quão pouco linear e definitiva é a distinção entre os diversos âmbitos. Também é interessante notar como Rancière individua, durante a sua fase mais foucaultiana – a de *La nuit des proletaires* (*A noite dos proletários*) e da revista *As revoltas lógicas* (*Les revoltes logiques*) –, uma dupla face das experiências revolucionárias passadas: o lado abertamente político das reivindicações coletivas e um outro, ligado ao vivido e às percepções, que dá lugar a muitos "filósofos operários", artesãos e trabalhadores manuais, versados em atividades que não são chamados a desenvolver, que alteram seu universo simbólico e material com a autoeducação e a arte. Os dois polos não se identificam, mas também não se distinguem completamente.

Por outro lado, é certo que, enquanto nos grandes movimentos clássicos de transformação existia um espaço relevante para o envolvimento global da vida in/dividual, nenhuma das evidências éticas, dos sentimentos ou das concepções existenciais que se exprimem nas revoltas contemporâneas se resolve na representação política. Um novo aspecto das sublevações que explodiram várias vezes no Ocidente nos últimos anos é que elas dependem principalmente, como observado pelo Comitê Invisível, de evidências e verdades de tipo ético, não de programas, gramáticas ideológicas,

---

[60] S. VACCARO. *Foucault: dall'etopoiesi all'etopolitica*, cit., p. 81.

identidades ou reivindicações. Porém, dentro de tal perfil, também não há a mediação explícita de algum imaginário espiritual codificado, como se disse diversas vezes, mas sim uma subjetivação improvisada e frágil – portanto, também e sobretudo uma "dessubjetivação", uma fuga das redes identitárias – que se dá de modo singular e experimental, segundo circunstâncias imprevistas.

Essa "desidentificação", que na realidade não subjetiva nada em definitivo e de modo estático, como bem se vê no caso dos *gilets jaunes* e nas revoltas periféricas das *banlieues* e dos guetos racializados, dificilmente pode ser recuperada pelos circuitos da política tradicional e do poder constituído, como, por outro lado, ocorreu no caso da Revolução Iraniana ou, em um contexto de todo diverso, no resultado das Primaveras Árabes. Ao mesmo tempo, as suas afirmações éticas têm traços ainda menos distinguíveis, refratários a uma cristalização no tempo.

As contribuições que aqui aparecem frequentemente tocam pontos similares, já que quando se diz "espiritualidade", "contemplação", "autonomia", se alude a algo que tem a ver com as condutas, que se põe em um fora, que quer profanar a divisão inabalável que divide como uma origem continuamente perpetuada o foro interior e as operações públicas, a crítica e os procedimentos técnicos, a palavra sem gestos e a manipulação sem verdade. Uma espiritualidade *sem porquê*, uma contemplação política, uma antipolítica do secessionismo ético, são ideias que continuam circulando e sendo objeto de meditação, mas que suscitam a ironia ou o desinteresse da maioria, salvo quando são posteriormente admitidas porque provêm dos escritos de Foucault, já que, como se sabe, é verdadeiro e sério aquilo que uma instituição reconhece. São um pouco essas velhas questões – originárias, mas não originais – que retornam sem falta sempre aos mesmos pontos críticos, que teimosamente encalham nos mesmos escolhos, talvez porque, no real e no vivido, ninguém ainda as superou. De qualquer forma, depende desse punhado de conceitos, de pretensões e de intuições, o fato que falar de revolução e de verdade revolucionária seja algo diverso de um *flatus voci* ou, pior ainda, de cultura ou política. Enquanto a máquina funcionar, enquanto escândalo, verdade, política, conduta e amizade indicarem coisas disparatadas e desconexas, que no máximo nos fazem sorrir, permaneceremos no mesmo velho ponto: *hic rhodus, hic salta*.

ANATOMIA DA REVOLTA
PRIMEIRA PARTE

A revolta, tal e qual pensada e vivida por aqueles que a realizam, não é nada mais do que fazer a política transitar pelo corpo. Estende a política, lhe dá vida e densidade, libera as sensações habitualmente contidas; abre e fende a política.

Romain Huët[61]

A transformação da classe operária e das *banlieues*[62]

Por estes anos se ouve falar com frequência do ressurgimento das revoltas. Tal termo se refere, no uso corrente, a fenômenos diferentes e de contornos incertos. Contudo, nas crônicas das mais diversas proveniências, o lema das convulsões evoca um imaginário resumível em alguns lineamentos transversais. Os afetos e as disposições que, das posições mais diversas e contrastantes, são associados à revolta, frequentemente dizem respeito a um tipo de polaridade negativa, designada pela falta. De fato, quando se trata das sublevações, quer se trate de estigmatizar sua vocação niilista, descrevê-las com distanciamento ou exaltar suas potencialidades subversivas, limita-se sempre ao que essa forma de agir coletivo *não é*: ela se define por contraste a uma escala de práticas que teria substituído, como a greve ou os "movimentos sociais", pela diferença de intensidade e de estrutura

[61] R. HUËT. *La vertige de l'émeute. De la zad aux Gilets jaunes.* Paris: Presses Universitaires de France, 2019, p. 31.

[62] N.d.T.: Subtítulo inserido pelo tradutor.

organizativa em relação às características da anterior e clássica política de protesto.

Por certo, não faltam os estudos e as reconstruções que caminham em outro sentido, tentando restituir este ou aquele aspecto do retorno da *riot* e estabelecer os elementos de continuidade relativos ao passado, além dos pontos de ruptura, inserindo-o em uma periodização coerente do desenvolvimento capitalista e das ondas de conflituosidade social. Todavia, de maneira mais geral, há uma tendência de colocar o acento apenas no impulso de suspensão e cesura que marcaram os novos ciclos de revoltas nestas décadas, negligenciando, por outro lado, as suas dinâmicas de funcionamento interno, a tessitura dos gestos e a circulação de métodos: em suma, a forte bagagem de positividade que se pode antever. Interessa-me problematizar essa abordagem não tanto para desconstruir ou desmascarar os erros das simplificações dicotômicas que são evidentemente superficiais, mas porque me parece que existe uma ligação entre a inclinação a relegar as revoltas à sombra da pura negatividade e aquela, semelhante, de restringir o conceito de "destituição" a uma dimensão meramente destrutiva. Em ambos os casos, trata-se de um incômodo equívoco, quando não de uma distorção deliberada que impede de distinguir corretamente os termos do argumento.

Em um livro de 1988, intitulado *Logiques de la foule* (*Lógicas da multidão*),[63] os historiadores Arlette Farge e Jacques Revel reconstroem a história das desordens que eclodiram em Paris no ano de 1750 graças à difusão da convicção de que agentes da polícia raptavam, com finalidades não esclarecidas,

---

[63] A. FARGE; J. REVEL. *Logiques de la foule. L'affaire des enlèvements d'enfants Paris 1750*. Paris: Hachette, 1988.

as crianças do povo que vagabundavam pelas ruas.[64] Um dos pressupostos metodológicos dessa obra é recolher um tipo de "saber social", situando-se para tanto em um ponto intermediário entre a irredutibilidade do evento, que internamente resiste às tipologias e às classificações gerais, e as "séries" que permitem posicioná-lo em uma continuidade histórica e torná-lo mais claro. Assim, o objetivo de tal abordagem é abrir espaço para a estranheza da singularidade do tumulto sem se deixar intimidar, ou seja, ceder à desorientação sem por isso renunciar a descobrir seus elementos de legibilidade:

> As duas operações, às quais se associam duas variações de escala, possuem sentidos inversos. Fazem aparecer tramas, compõem objetos diferentes. Não obstante, são complementares. A segunda busca reconstruir um contexto no qual recolocar, dissolver até o limite, o texto da revolta. Ao contrário, a primeira insiste naquilo que cada fato diverso tem de irredutível

[64] Em 1747-1748 a fome atingiu o interior da França. Na cidade de Paris se acumulou, atraída pelas migalhas da riqueza, a multidão ociosa e variada dos esfomeados, vagabundos e mendigos. Sucedem-se então, para reprimir o fenômeno, uma série de medidas de "higiene pública" particularmente enérgicas objetivando dispersar as aglomerações, o que frequentemente implica a intervenção de soldados e se degenera em confrontos. Na questão do rapto das crianças, que se coloca nesse contexto, os boatos e o sugestionamento popular, alimentados pelo crescente ódio a Luís XV, se misturaram aos fatos: muitos testemunhos de oficiais da polícia efetivamente reportam que Nicolas-René Berryer, lugar-tenente da polícia, tinha favorecido, inclusive prometendo recompensas pessoais adicionais, a prática de prender jovens sem muito respeito pelos limites legais, tendo inclusive se vangloriado dos resultados de tais ações. Os episódios também são confirmados pelo testemunho de algumas crianças envolvidas que, enquanto brincavam, acabaram capturadas sem processo verbal, de modo violento e, em alguns casos, por meio de emboscadas nas esquinas. Com base em um número limitado de casos, depois se construirá a lenda de uma trama obscura de longo alcance, nutrida por sacrifícios humanos e pela suspeita de uma perversão inata das classes nobres.

e, talvez, de incompreensível; está ligada a tudo que resiste à tipologia e à generalização.[65]

Assim, as tramas e os esquemas individuais devem ser reconduzidos, na desordem dos fragmentos testemunhais e nos ecos contraditórios dos acontecimentos, não a uma interpretação global pré-definida, mas a representações em estado nascente, a um conjunto de códigos organizativos que se repetem na feitura das revoltas e que, dessa maneira, permitem decifrá-las. Portanto, as lógicas da revolta conformam um tipo de "partitura" feita de papéis e rituais que se transmitem, de um registro de saberes herdados e que, no seu curso, são deformados e adaptados, como um *canovaccio*:[66] "Mas nenhum dos atores encontra seu posto senão sabendo, a todo instante, situar o texto que inventa na distribuição coletiva que lhe dá forma e sentido. Por trás da lógica da revolta, queríamos reconhecer os contornos de um saber social."[67] Os traços de tal abordagem parecem ecoar, de alguma maneira, a experiência da revista *Les Révoltes Logiques* (*As revoltas lógicas*) e do seu grupo de redação, o Centre de Recherche des Idéologies de la Révolte (Centro de Pesquisa das Ideologias da Revolta), por onde passou Arlette Farge.

É oportuno sublinhar, como breve premissa para uma reflexão sobre esses temas, que a revivescência das revoltas integra uma problemática mais geral que podemos definir como uma política de emancipação "pós-classista". Justamente,

---

[65] *Ivi*. p.10.

[66] N.d.T.: Trata-se de um termo técnico do teatro que indica, na *commedia dell'arte*, um tipo de roteiro muito limitado em que se indica o tema geral da peça e outros poucos elementos, tal como a divisão de cenas, devendo os atores improvisar suas falas com base nessas indicações mínimas.

[67] *Ivi*. p.11.

saiu na França um novo livro de Alain Bertho, *Time over? Le temps des soulevements* (*O tempo acabou? O tempo das sublevações*).[68] Trata-se, de algum modo, da continuação, de um segundo capítulo da sua importante contribuição de 2009, *Le temps des emeutes* (*O tempo dos tumultos*).[69] Esse primeiro trabalho buscava explicar, no contexto de um quadro unitário, a sucessão de explosões sociais e convulsões que "ressoaram" nas mais diversas partes do globo, principalmente em um lapso temporal que vai de 2005, quando as *banlieues*[70] de toda a França se inflamaram por mais de um mês, e o ano de publicação do livro. O conjunto da exposição se insere em um mais vasto "arquivo da desordem" cuja periodização histórica remonta até os anos 1970, e a extensão geográfica compreende desde a periferia de Detroit até as regiões minerárias da Guiné. A importância da abordagem de Bertho não está tanto nas suas conclusões políticas, que frequentemente caem em simplificações *naïf* e em apelos um pouco enjoativos para a redescoberta de um humanismo solidário, entre os últimos refúgios da esquerda moribunda, e sim na capacidade de conectar a forma da revolta, com a sua peculiaridade, à crise da política de classe, dos seus bastiões territoriais e urbanos, mas também de seus canais de expressão e legitimação ideológica. Para além da impressionante quantidade de dados e material documental recolhido e integrado nas suas análises, a centralidade da desagregação do movimento operário e do "comunismo" como realidade difusa de politização popular é posta de modo lúcido e rigoro-

---

[68] A. BERTHO. *Time over? Le temps des soulevements*. Vulaines-sur-Seine: Editions du Croquant, 2020.

[69] A. BERTHO. *Le temps des emeutes*. Montrouge: Bayard, 2009.

[70] N.d.T.: Termo francês para "periferias", quase sempre usado em sentido classista, racista e pejorativo pela imprensa e pela classe média francesa.

so, o que deixa às sublevações um livre e amplíssimo campo para se desenrolarem:

> O comunismo marcou o século. É com o comunismo que ele se conclui. O comunismo encontrou a cultura popular no seu coração. A política "executiva", segundo a expressão de Michel Verret, foi o signo simultâneo da diferença e da integração de classe. Porque lhe permitiu marcar a sua presença no Estado e em suas margens. Extrapolando sem parar o espaço público institucional, autorizou uma reapropriação popular deste último. Classe e República se casaram nos municípios da *banlieue rouge*.[71]

Já nas reflexões sobre a transformação da gestão urbana na França, contidas por exemplo em *Banlieue, banlieue, banlieue*,[72] Bertho individua no declínio da *banlieue rouge*, fortaleza da identidade operária e vetor de um projeto compartilhado de hegemonia política, as raízes de um novo dispositivo de governo, formado por um conjunto de políticas sociais localizadas que emerge sob o nome de "políticas urbanas".[73] Com efeito, ao perseguir os objetivos globais de pacificação social, a mutação das técnicas de intervenção administrativa e territorial sobre os bairros periféricos corresponde a uma alavancagem global no horizonte do "Estado consensual,[74] que teria dominado a totalidade das formas de regulação dos

---

[71] A. BERTHO. *Contre l'état, la politique*. Paris: La Dispute, 1999, p. 38.

[72] A. BERTHO. *Banlieue, banlieue, banlieue*. Paris: La Dispute, 1997.

[73] Bertho faz remontar a experiência das primeiras formas de "política urbana", em relação à emergência dos "bairros" e das *cités* planejadas, a 1981, com a Comissão para a Segurança, e a 1982, com a Comissão Nacional de Prevenção da Delinquência.

[74] Uma definição de Sylvain Lazarus, da qual Bertho frequentemente extrai suas categorias teóricas: "A política não é um pensamento, mas constitutivamente uma opinião sobre o governo".

conflitos na França a partir dos anos 1980. As crises de gestão do Estado e da mediação entre os "parceiros sociais" começa, portanto, com o tema da *banlieue*: "De certo modo, é com a atividade febril e o polimorfismo da atividade pública e semipública sobre terrenos designados global e indistintamente por meio do termo *banlieue* que se identifica a crise da sociedade contemporânea."[75]

À longa história das lutas sociais e de seus enraizamentos nos assentamentos operários sucede uma espacialização das fraturas e a proliferação de multidões de coletivos territoriais (comissões, associações, órgãos municipais e de bairro) que, mediante uma contínua produção de normas por meio de consultas à cidadania, incorporam ainda mais profundamente a população, envolvendo-a diretamente no funcionamento dos dispositivos de governo. A palavra de ordem é: "reatar o laço social". Michel Kokoreff, sociólogo dedicado a pesquisas de campo, particularmente no departamento de Seine-Saint-Denis – que compreende as comunas de Saint-Denis e Aubervilliers, no centro das desordens de 2005 –, frisa que as "políticas urbanas", como tentativas de modernização da intervenção pública no que diz respeito à reabilitação das periferias, nascem em 1981 para barrar as convulsões urbanas, e é exatamente nelas que se dá seu fracasso, dez anos mais tarde:

> Esses eventos, que desaguarão na "marcha pela igualdade e contra o racismo", estão também na origem das novas formas de intervenção pública nos bairros então chamados de "desfavorecidos", prefigurando aquilo que se tornará a política urbana. Sabe-se o que acontecerá dez anos depois: a revolta de

---

[75] A. BERTHO. p. 48.

Vaulx-en-Velin em 1990 marcará os limites dessas dinâmicas coletivas e das tentativas de modernização do Estado.[76]

Portanto, a passagem de uma comunidade de pertencimento baseada na referência objetiva da posição social às lógicas da marginalidade e da exclusão representa um eixo fundamental da mutação do regime de percepção e do léxico político. Junto a um espaço público estruturado em torno das tensões do conflito de classes e seus apêndices de participação e integração, também entra em aguda crise a capacidade de prescrição do Estado, que encontrava no agrupamento ordenado das forças sociais o seu principal ponto de apoio. Assim, inicia-se um movimento de "desfiliação" muito ambíguo, que nenhum processo de reinvenção dos "laços sociais" e da "sociedade civil" pode parar. Quando os bastiões se transformam em guetos, esgota-se o alcance de uma trajetória histórica e cultural, perdem o sentido leituras explicativas e heurísticas fundadas no reconhecimento dos grupos sociais, mas, sobretudo, fecha-se um espaço operário e popular como lugar de subjetivação política:

> A *banlieue rouge* foi sucedida pela periferia, e hoje se teme os guetos onde antes se admirava os bastiões. [...] Com a emergência temática da periferia, essa categoria de leitura também é abolida: não é apenas a *banlieue rouge* que se apaga, mas também a classe operária como modelo de explicação, como paradigma intelectual e político. Há rupturas culturais que são mais fortes e mais brutais do que as evoluções daquilo que se convencionou chamar de estrutura. Ainda há operários, mas a sociedade de classes não existe mais.[77]

[76] M. KOKOREFF. *Sociologies des émeutes*. Paris: 2008, p. 7.
[77] M. KOKOREFF. p. 13.

Esse paralelismo entre os bairros populares e a desagregação da figura operária é instrutivo, já que mostra como a manutenção da identidade de classe não é de forma nenhuma redutível a um fator estrutural, à ancoragem claramente identificável a uma realidade sociológica, dependendo antes, em larga medida, de contextos subjetivos e simbólicos: o ser social da classe operária não deve ser confundido com a capacidade política proletária. Não é por acaso que as problemáticas da "imigração", da "exclusão social" e das "periferias" emerjam para designar um componente supranumerário que excede os contornos de classe em vias de se decompor. O próprio termo "imigrante", no debate público francês, se afirma como alternativa à designação de "operário", em especial para se referir aos trabalhadores em greve dos estabelecimentos automobilísticos Citroën-Aulnay e Talbot-Poissy, no biênio 1983-1984. Por outro lado, a "questão operária" começa a se fechar no final dos anos 1970, quando a classe em sentido sociológico atinge o seu ápice estatístico. Um trabalhador da Renault, durante uma pesquisa de "antropologia operária" citada muitas vezes por Lazarus, disse: "Na fábrica me chamam de operário, mas lá fora me chamam de imigrante porque se esqueceram que eu era operário."[78] Portanto, não há mais operários fora da fábrica: eis a cifra da nova conjuntura.

A sublevação é então o sintoma de uma irrupção "popular" na cena pública que se separa do operador subjetivo da

[78] S. LAZARUS; N. MICHEL. *Études sur les formes de conscience et les représentations des OS des usines Renault*, relatório de pesquisa, Contrat de Connaissance CNRS/Régie Nationale des Usines Renault, *Les OS dans l'industrie automobile*. Paris, 1986, p. 121; S. LAZARUS. Anthropologie ouvrière et enquêtes d'usine: état des lieux et problématique, *Ethnologie Française*, v. 31. Paris: Presses Universitaires de France, 2001, p. 394; S. LAZARUS. Peut-on penser la politique en intériorité? In: *L'intelligence de la politique*. Marseille: Al Dante, 2013, p. 108.

classe, que é capaz de exigir o geral a partir do singular e do vivido sem passar pelas categorias universalizantes de um discurso político abstrato. Há múltiplas racionalidades para além daquelas da ciência e dos cálculos estatais: a revolta é portadora de uma dessas racionalidades.

Alguns elementos de periodização

Sublinhou-se a ênfase dada pelas interpretações e comentários dedicados às revoltas ao seu caráter excepcional e de desordem opaca. Nas premissas metodológicas de seu trabalho, Bertho parece denunciar o limite oposto: a tendência da historiografia dedicada às sublevações populares de desconsiderar sua originalidade e dimensão contemporânea, reportando-as à permanência do invariante arcaico de uma violência irracional e pré-política. Nessa óptica, tanto a greve quanto a revolta apresentariam uma aderência perfeita entre forma e conteúdo político: a transparência bem regulada da greve corresponderia à racionalidade de suas reivindicações, enquanto a explosão incontrolada e a opacidade anônima da revolta refletiriam, por seu turno, com uma transparência paradoxal, a sua natureza instintiva e indecifrável. A desordem não pode alimentar nada senão a própria desordem. Parece-me que o próprio gesto de despotenciamento tende a reabsorver e a ocultar os dois aspectos.

Sem dúvida, a descontinuidade das revoltas é apresentada de forma plana por meio de uma única imagem vazia, de aparição histórica contingente ou no longo eco de um arcaísmo pré-moderno que sobrevive de modo residual e imutável às formas mais evoluídas da greve e da reivindicação, como sustenta Hobsbawm.[79]

[79] E. HOBSBAWM. *L'età della rivoluzione (1789-1848)*. Segrate: Rizzoli,

Por outro lado, com o mesmo movimento, o surgimento da greve só é considerado quando se torna um paradigma afirmado pela ação operária, ou seja, quando se define em contraposição ao seu contrário, a revolta. Desse modo, como frisa Joshua Clover,[80] a revolta é suspensa no vazio e desligada do complexo substrato das outras práticas de ação coletiva que ela acompanha e com as quais, em uma espiral de coexistência e contradições, nunca deixa de se contaminar. Voltando às suas origens, pode-se até mesmo sustentar que a greve, na forma que a conhecemos, se firma como método de luta ao se separar da matriz da revolta, tendo se transformado a partir de um originário copertencimento ao seu espectro de variações:

> A greve se torna greve ao se formalizar contra a revolta. É a própria ordem, a vitrine não destruída. Nesse sentido, a revolta é definida do mesmo modo como o inverso da greve, devendo encontrar paralelamente o seu conteúdo na sua forma. Mas isso gera consequências paradoxais. Se a sua forma é desordenada, a desordem se torna seu conteúdo. Ninguém sabe o que a revolta quer. Não quer nada senão sua própria desordem, a sua impressionante opacidade. Fragmentos e pedaços de vidro quebrado. [...] Ao contrário, queremos chamar a atenção sobre aquilo que pode se perder quando inscrevemos a revolta em uma oposição rígida e estática. Esquecendo a história por meio da qual a greve emergiu das revoltas, perde-se o próprio processo de transformação e nos

---

[1962]1999; E. HOBSBAWM. *I ribelli. Forme primitive della rivolta sociale*. Milão: Einaudi, [1959]2002.

[80] J. CLOVER. *L'émeute prime. La nouvelle ère des soulèvements*. Genebra: Entremonde, 2018.

encontramos diante de seus resultados, que se apresentam então como evidências.[81]

A tal propósito, basta recordar a ambivalência de duas datas centrais na história do movimento operário inglês, que no século XIX funcionou como uma verdadeira incubadora da dicotomia entre greve e revolta: 1839 e 1842. Os acontecimentos que se desenvolvem nesses dois momentos sem dúvida demonstram que a codificação clara dos dois repertórios de ação nem sempre existiu, mas que, ao contrário, foi constituída durante o século XIX sob a forma de um explícito projeto político perseguido pelos representantes oficiais do movimento operário.

O ano de 1839 é exemplar porque explodiram, no bairro comercial de Birmingham, chamado de Bull Ring, convulsões muito violentas acompanhadas de saques que duraram vários dias e se espalharam por outras cidades inglesas. O episódio que desencadeou as desordens foi a tentativa de interromper, com a intervenção da polícia, a realização de algumas reuniões políticas proibidas pelo *Riot Act*,[82] que os magistrados frequentemente interpretavam para impedir aglomerações. Nesse caso, os participantes primeiro se recusaram a se dispersar e depois responderam decididamente aos ataques das unidades policiais vindas de Londres especialmente para a ocasião. As vidraças das lojas foram reduzidas a pedaços e alimentos foram roubados. As reuniões em questão eram aquelas do movimento cartista, a mais vasta e avançada ramificação do movimento operário inglês em seus albores. Trata-se da mesma experiência organizativa, que fi-

---
[81] *Ivi*. pp. 96-97.
[82] O Riot Act é uma lei do parlamento britânico de 1714 que permitia às instituições locais proibir qualquer ajuntamento público de mais de doze pessoas.

que claro, da qual Engels elogiou, nas páginas de *A situação da classe operária na Inglaterra*,[83] o entrelaçamento maduro de reivindicações econômicas e políticas, capazes, ainda que dentro de seus limites históricos, de reunir a "forma compacta da oposição contra a burguesia" e assim atacar "a sua força política, a muralha legal com a qual ela se cercou".

A segunda data parece ainda mais emblemática, já que corresponde aos chamados *plug riots*, uma greve geral, também organizada pelos cartistas, que começou nas minas de Staffordshire e se espalhou pelas manufaturas e fábricas de toda a Grã-Bretanha. As características desse movimento, que envolveu mais de 1 milhão de trabalhadores, refletem com exatidão o perfil distintivo da greve operária: o conflito dizia respeito aos locais da produção e o seu desenvolvimento se traduziu em uma interrupção das atividades, reivindicando-se a diminuição das jornadas de trabalho e a redução do custo dos aluguéis. Todavia, o impacto da mobilização assumiu a forma da revolta, rompendo as categorias interpretativas que veem de um lado a violência e, de outro, a organização em grande escala, o trabalho e o consumo rigidamente polarizados em dois repertórios de práticas contrapostas: os modelos de ação operária, seja nos seus métodos ou no seu conteúdo reivindicativo, se cruzam então com a história das ideologias que recobrem essas práticas e condensam seus elementos. As "ideologias da ação coletiva", como sempre explica Clover, mais do que o seu efetivo arsenal, consolidam as diferentes opções táticas em uma oposição política imutável na qual a greve pertence ao socialismo e a revolta ao anarquismo, por exemplo. Assim, Engels originalmente desvalo-

---

[83] F. ENGELS. *La situazione della classe operaia in Inghilterra*. Sesto San Giovanni: Edizioni di Lotta Comunista, [1845]2011.

riza, contra Bakunin, a exaltação da greve como antessala do processo revolucionário, e mais tarde Sorel, no interior do campo socialista, propõe um forte contra-argumento a essa posição. As variáveis do entrecruzamento entre os diversos afluentes do movimento operário e os seus protocolos de luta são muito mais complexos do que uma simples antítese:

> Essa ideologia da ação coletiva segundo a qual revolta e greve estão situadas em uma oposição fixa, será depois substituída por uma oposição comparável, em nível mais conceitual, entre anarquismo e socialismo. Vislumbradas a partir das convenções atuais, pode-se pensar que certas táticas e o repertório que as acompanha tenham surgido de posições políticas e análises particulares que lhes são próprias. Historicamente, a oposição ideológica entre táticas contribuiu para produzir a oposição política, algo que em seguida consolidou o contraste entre formas de ação.[84]

A trajetória das experiências revolucionárias, como estes exemplos sugerem, não é transparente. Longe de emparelhar fases compactas, sincrônicas e distintas, o legado das tradições subversivas, mas também das insubordinações populares, é pontilhado por momentos de coexistência entre formas de ação e métodos. A cada fase em que um método de luta se torna hegemônico e prevalece sobre os demais, correspondem outros tantos momentos de indecisão, deslizamento e indeterminação entre as táticas de confronto. Se observamos, com um salto temporal significativo, a sequência de lutas que nos é mais próxima, podemos reconhecer uma constante nessas oscilações. O ressurgimento das greves no coração das mobilizações francesas desse ano, por exemplo,

[84] *Ivi.* p. 101.

que fecha e aprofunda, com um movimento de continuação confuso e evasivo, a parábola dos *gilets jaunes*, não representa de fato um retorno em bloco à anterior gramática do conflito, mas um salto a mais em um movimento magmático que mantém a sua ambivalência. Equivocidade que, estrategicamente, deve ser mantida e alimentada. Aliás, esse traço de indecisão constitutiva pertence ao presente, quando a irrupção do *cortège de tête*,[85] para permanecer no tema, corresponderia à reaparição de um gesto reprodutível e anônimo de revolta urbana no coração dos protestos contra a *loi travail*, isto é, o projeto de reforma do mercado de trabalho francês. Trata-se de uma composição não harmônica e aleatória, na qual as duas filas paralelas do cortejo sindical e da juventude plebeia, em vez de prosseguirem em sua queda livre, de algum modo se encontraram em uma das "vidas póstumas" do Maio de 68.[86]

Portanto, se a coexistência de várias modalidades de antagonismo é uma invariante que reaparece na história das lutas, os episódios recentes de sublevação e de revolta nos mostram um amplo leque delas, nos convidando a experimentar seus limites e possibilidades. Por outro lado, o que significa uma greve nos cenários do anticapitalismo contemporâneo e de seus meios de intervenção? Impostos sobre a gasolina, passagens de metrô e custo dos transportes, cobranças sobre

---

[85] N.d.T: Trata-se de uma técnica em que certos grupos – hoje, na maioria *black blocs* – se colocam à frente das manifestações para defendê-las da polícia e estimulá-las, independentemente da específica composição ideológica dos manifestantes, vistos como "iguais" a que se deve proteger da violência estatal. De maneira previsível, a mídia tradicional costuma sublinhar e exagerar a suposta violência irracional dessas formações de natureza claramente defensiva.

[86] K. ROSS. *Mai 68 et ses vies ultérieures*. Marselha: Agone, 2010.

as comunicações telefônicas e telemáticas são detonadores e fatores dos movimentos de massa que atingiram, durante 2019, a França, o Chile ou o Líbano. O reflexo automático da consciência militante mais enferrujada, que se volta para os lugares clássicos da produção concentrada toda vez que um novo "movimento social" surge no horizonte, deve ajustar as contas com uma composição subjetiva para a qual a existência metropolitana torna concreta e imediatamente perceptível a indistinção entre produção e circulação, economia e movimento, consumo e trabalho. Até mesmo pensar o novo com as categorias do velho, reconduzindo as combinações inéditas que caracterizam o presente às belas recordações sobre a fábrica, significa permanecer dentro do mesmo quadro.

Das rotatórias nas ruas às cadeias logísticas de distribuição até aos nós mais elementares dos nossos espaços de vida, os próprios critérios de classificação se sobrepõem. Se a greve é uma forma de ação coletiva que envolve o trabalhador enquanto trabalhador e se realiza interrompendo a produção capitalista, enquanto a revolta se relaciona, nas suas origens, à fixação dos preços no mercado, agregando indivíduos unidos apenas por uma condição geral de despossessão – proletários, mas não operários – parece evidente que grande parte dos casos com os quais nos defrontamos fazem saltar as categorias interpretativas disponíveis:

> Bloqueando as rotatórias e não as empresas, requerendo um gasto obrigatório mais baixo e não salários mais altos, os *gilets jaunes* atraíram a ira e o ridículo. Ativistas especialistas em movimentos sociais e sindicais não pararam de lhes indicar a necessidade, para bloquear a economia, de ocupar as empresas, os únicos locais relevantes aos seus olhos, voltados para o capitalismo. [...] A injunção não foi apenas ineficaz.

> Foi irrelevante porque ignorou aquilo que torna esse movimento, como tantos outros nos últimos vinte anos, um luminoso analista do capitalismo contemporâneo e da exploração por meio de mecanismos de renegociação não produtivos, a exemplo de muitos outros movimentos que nos últimos vinte anos se voltaram contra o alto custo de vida.[87]

Isso não significa atolar-se na frustrante e entediante reciclagem dos estilemas marxistas para retomar, como no roteiro pós-operaísta, a pluralidade dos comportamentos e das formas nas superfícies do trabalho, mas ressignificar o tema da greve à luz da constituição das nossas subjetividades, daquilo que nelas depende da tomada da economia. Nesse sentido, a greve é um outro indicador do problema da temporalidade autônoma e da duração, do que se segue à revolta e da possibilidade de transformar o "supranumerário" da sociedade capitalista, os "corpos sem qualidade" sempre mais internos às suas redes de captura, em um fora intensivo, estável e alcançável. Se historicamente a greve nasce separando-se da revolta, por diferenciação interna, ela potencialmente reflui para esta última. Já foi evocado o momento de 1968, francês e internacional, que para muitos intérpretes, a partir de Bertho e Clover, representa um marco, uma dobradiça entre ciclos históricos diferentes. Nos anos em torno dessa data, a evolução histórica linear que deu à luz a identidade mais evoluída do movimento operário começou a se inverter. As abordagens de ambos os autores coincidem, apesar das múltiplas divergências, em indicar por volta de 1968 um "período de ambiguidade" que viu, diante do imparável retrocesso do movimento operário ocidental, um intervalo de dupla pre-

---

[87] A. BERTHO. *Time Over? Le temps des soulèvements*. Vulaines-sur-Seine: Editions du Croquant, 2020.

sença entre os velhos e os novos repertórios, que pareciam competir para tomar a dianteira. Segundo Bertho, depois de 1848, quando se inaugurou o ciclo moderno da violência política, e de 1917, que assentou o comunismo no centro da sequência histórica revolucionária, com 1968 se fechou um arco mais do que secular, possibilitando o surgimento de uma nova figura subjetiva coerente e mundial na qual se inscreveu o retorno das revoltas. Nesse sentido, o incêndio das periferias e das zonas suburbanas de todo o mundo estaria ligado por um fio sutil e invisível à dinâmica pela qual a recusa violenta da ordem se libertou da orientação para uma fundação instituinte, iluminando o colapso dos sujeitos políticos e das suas representações:

> No Reino Unido, como também nos Estados Unidos da América, essas revoltas começaram a tomar outras dimensões. Assim, em abril de 1980, em Bristol, a St. Paul's Riot reuniu os moradores desses bairros populares contra a violência da polícia. Em maio de 1980, a Liberty City Riots, em Miami, se originou da absolvição de quatro policiais brancos responsáveis pela morte de um jovem negro... Os anos seguintes darão a este cenário uma amplitude então impensável. Algo se completava. A safra de 1968 parecia tão distante. Mas o que se afasta não é aquilo que em 1968 era o mais novo. O que se afasta é o imaginário, e muitas vezes também a iconografia política do século XX que lhe serviu de vestimenta.[88]

São muitos os eventos que prefiguram a "polifonia mundial" da revolta a que assistimos: das rebeliões de Detroit em 1967, quando se entrecruzaram reivindicações operárias, *riot* e bloqueios de circulação, até Los Angeles em 1992, com as

[88] A. BERTHO. *Le temps des emeutes*. Op. cit., p. 20.

desordens depois do espancamento de Rodney King pela polícia. Bertho avança a hipótese de que até 1975 a sombra ideológica da politização radical continuou a se destacar nesses fenômenos, a qual, todavia, acabou gradualmente por se dissipar nos anos seguintes.

Harlem, Watts, Newark, Detroit, Chicago, Londres, em 1981, 1985 e 2011, em uma sucessão ininterrupta que chega até Clichy-sous-Bois em 2005 e depois em Exárchia[89] no ano de 2008: as "rebeliões supranumerárias" são a cifra do presente. Uma combinação de empobrecimento, segregação racial e impulso para encontrar, na destruição *sans phrase*, o contato sensível com o mundo. Segundo um esquema recorrente, a excedência dos subúrbios e da questão racial se encontra muitas vezes com uma juventude escolarizada à qual a reestruturação do mercado de trabalho está subtraindo expectativas e reconhecimento social: uma dupla revolta, portanto, como na França em 2005 e 2006, quando ao movimento contra o CPE se seguiu o incêndio das *banlieues*, ou na Inglaterra em 2010 e 2011, com as ocupações dos *campi* e depois os tumultos de Tottenham. Assim, é necessário refazer o percurso que, da praça ao mercado e por meio da fábrica, retorna às praças e ataca as delegacias.

---

[89] N.d.T.: Εξάρχεια é um bairro central de Atenas, tratando-se de uma área muito frequentada por militantes de esquerda. Nele está localizada a sede do PASOK, partido político social-democrata que apoiou as medidas de austeridade impostas à Grécia em 2009 e que desde então vem sendo alvo de ataques anarquistas.

ANATOMIA DA REVOLTA
SEGUNDA PARTE

*A insurreição é uma obra prática
que exige uma técnica a ser conhecida.*

Auguste Blanqui

A contrarrevolução se nutriu da revolução.

Jacques Camatte

Onde podemos nos posicionar, voltando atrás, para resumir nas suas linhas essenciais a trajetória das revoltas populares? As raízes e as genealogias históricas, os elementos de periodização, assim como as interpretações autorais e os debates correm o risco de se dirigirem a um regresso ao infinito. De fato, qualquer recorte ou ponto de partida, todo elemento colocado em primeiro plano, se arrisca a conservar a sombra de uma operação arbitrária. Por detrás dos estudos de Joshua Clover estará E. P. Thompson, e ao lado deste, há a contribuição essencial de Foucault na reconstrução dos paralelismos entre a formação moderna de um aparato repressivo, estatal e centralizado e a luta contra a ameaça das revoltas camponesas e urbanas. A analítica do poder judiciário, na evolução histórica do Estado francês, gira permanentemente em torno das táticas para conter e combater a "plebe sediciosa". Em suma, não há genealogia dos tribunais, da investigação judicial e do direito sem análise da derrota dos *nus pieds* em 1639 na Normandia, ou mais tarde aquela dos *croquants*. A Justiça descobre e produz o crime buscando golpear a sedição em uma densa cadeia de episódios precisos.

Mas, ao mesmo tempo, é difícil separar o nascimento da pena moderna, como "captura" dos indivíduos, sequestro e reclusão, da proteção dos lucros como nova prioridade legal. Surge então a complexa história dos ilegalismos populares e de seu declínio; a prevenção ao furto se transforma em necessidade primária do poder, enquanto enormes quantidades de mercadorias começam a ser acumuladas ao alcance dos pobres, nos portos e nas cidades. Contudo, seria importante também citar as longas resistências à imposição do sistema fabril na Inglaterra, quando os novos maquinários da indústria têxtil destroem as proteções sociais dos trabalhadores manuais, esmagando as velhas proteções consuetudinárias e dando origem à defesa dos ofícios artesanais contra o mercado: é a apaixonante e opaca história do general Ludd, mas ainda antes a de inumeráveis uniões, grupos e sociedades secretas. No início do século XIX, entre leis contra as associações, destruição de teares mecânicos e a necessidade de sigilo, uma nutrida variedade de grupos e redes organizativas, antes do cartismo, misturou a conspiração política com indícios primitivos de luta sindical.

Nessa trama versátil e confusa, nem é preciso dizer que o repertório da revolta, da rebelião violenta, é uma presença constante. Como se vê, periodizar e localizar são tarefas difíceis, em especial porque todos os pontos mais importantes do debate sobre esses episódios do passado, em âmbito histórico e teórico, sempre entram em contato com o presente. Não é por acaso que grande parte desses debates, em nossas latitudes, conheceu seu mais vivo florescimento entre os anos 1960 e 1970. Como ensina Foucault nos seus cursos do início dos anos 1970, nesse período a pesquisa historiográfica começou a privilegiar a ruptura e o evento em detrimento do passado e da continuidade, tornando-se cúmplice de um impulso geral mais difuso. A própria atenção dada por Foucault ao caso dos *nus pieds* e ao debate sobre as revoltas do século XVII na França, no quadro da polêmica entre Mousnier e Porchnev[90] e de um exame crítico da dogmática marxista, deriva dessa conjuntura todo o seu potencial de atualização.

[90] Em *Teoria e instituições penais*, curso dado no Collège de France em 1971-1972, que se liga às *Lições sobre a vontade de saber* e antecipa *A sociedade punitiva*, curso do ano seguinte em que amplia e retifica o tema da "plebe sediciosa" como foco do poder penal, Foucault intervém explicitamente na polêmica entre o historiador francês e o soviético. Os termos da divergência entre Boris Porchnev e Roland Mousnier dizem respeito à natureza das revoltas francesas do século XVII. De fato, Foucault se inspira largamente no texto de Porchnev, *Les soulèvements populaires en France au XVIIe siècle* (*As sublevações populares na França do século XVII*), cujo capítulo central, infelizmente ausente da edição italiana, é dedicado justamente ao episódio dos *nus pieds*. Porchnev é o autor que introduz o conceito de "plebe sediciosa" como massa que continha tanto trabalhadores da cidade quanto camponeses e que teria sido protagonista das rebeliões do século XVII, dirigidas principalmente contra a fiscalidade feudal e seus beneficiários. Esse conceito fará fortuna no interior dos movimentos maoistas franceses do período – como a Gauche Proletarienne, com quem Foucault dialogava –, os quais dedicavam muita atenção ao papel revolucionário das massas camponesas e à aliança operários-camponeses na França, o que era feito tanto pela Gauche Proletarienne quanto, por exemplo, pela União dos Comunistas Marxistas-Leninistas da França, que lançou em 1976 um livro surgido a partir de uma pesquisa dedicada à situação dos campos franceses: *Le livre des paysans pauvres* (*O livro dos camponeses pobres*). A tese de Porchnev, naturalmente apreciada pela esquerda revolucionária, é que a derrocada das estruturas feudais se deu por meio das lutas encabeçadas por essas massas plebeias, sem nenhum papel revolucionário por parte da burguesia que, ao contrário, seria uma "burguesia feudal". A hipótese contrastante de Mousnier se opõe ponto por ponto à de Porchnev, acusado de fazer uma história superficial pouco atenta à especificidade dos contextos e voltada para um esquema de leitura forçada em sentido político. Segundo Mousnier, as sedições populares do século XVII foram

Dessa forma, uma discussão de tais temas não pode evitar totalmente o anacronismo, ou melhor, as idas e vindas cronológicas que nos trazem aos dias de hoje. Nesse sentido, o texto de Joshua Clover, na sua tentativa de reconduzir a anomalia das revoltas a uma categorização marxista, ainda que herética, constitui uma fonte de ideias e um bom termo de referência crítica. Em meio à variada literatura sobre esses temas, a importância de *Riot, strike, riot* (*Revolta, greve, revolta*) está em uma taxonomia simples, que liga a alternância entre as formas de emergência do conflito aos ciclos do capital e às suas fases de acumulação, valendo-se dos estudos de Giovanni Arrighi. Nos períodos em que a economia capitalista é predominantemente produtiva, baseada na indústria e no sistema fabril, ou seja, na extração de valor, se vê a prevalência da greve como método de luta, correspondendo à época de ouro do movimento operário; nas fases em que há um capitalismo baseado na circulação, no mercado e na realização do valor, como naquelas de "domínio formal" que precedem o capitalismo maduro e superam a crise do fordismo na Europa e nos EUA dos anos 1970 em diante, se percebe a revolta como principal meio de luta. As revoltas camponesas do século XVII e os *riots* dos atuais subúrbios metropolitanos se assemelham e se comunicam porque dependem de arranjos sistêmicos análogos de equilíbrio entre

---

episódios de pouco peso e, em vez de terem tido uma função propulsiva, seriam quase insignificantes e endêmicas na longa história da monarquia francesa. Além disso, ele sustenta que teria sido o equilíbrio e o mecanismo do próprio Estado monárquico, integrando a burguesia ao seu próprio quadro, que superou e despedaçou o regime feudal. O debate é complexo. Basta notar como Foucault, tomando emprestada em ampla medida a abordagem de Porchnev, embora fazendo uso extensivo de pesquisas diretas sobre as fontes da época, a desvincula, no entanto, de um rígido esquema marxista de evolução das lutas de classe.

a extração e a realização do valor econômico. Em ambos os casos, a exclusão geral e a despossessão se encontram nas praças e nas ruas, não nos locais de exploração.

Esta hipótese metodológica tem ainda uma vantagem para Clover, pois simplifica a complexidade de seu estudo, diferenciando os dois planos – articulados, mas diferentes – das formas de ação coletiva e das "ideologias de ação coletiva" que se desenvolvem em torno das próprias práticas. Para o autor, o cerne da questão é valorizar as revoltas do ponto de vista do materialismo histórico. Se abundam as teorias anarquistas da revolta, nas quais Clover inclui até mesmo os textos do Comitê Invisível, alargando assim a categoria de modo arbitrário, é preciso demonstrar que as leituras marxianas também são capazes de explicar os saques e as vitrines quebradas. Clover fala de uma "teoria comunista da revolta" e sobre a sua necessidade estamos, sem dúvida, de acordo. A uma estrutura assim não faltam sugestões e capacidade explicativa, avançando muitos elementos fundamentais para uma crítica revolucionária "pós-classista", mas pode-se dizer que as contas não fecham. Alguns exemplos históricos, abordados de maneira ordenada, são decisivos para individuar certos aspectos das revoltas contemporâneas que não são captados pelas lentes de Clover. O primeiro caso é o do luddismo, em relação ao qual Clover polemiza com as conclusões de E. P. Thompson, sem, contudo, apreender seus componentes essenciais.

A posição de Clover sobre os motins luddistas iniciados em 1811, aos quais dedica um pequeno capítulo do livro, se insere perfeitamente no seu modelo de periodização. A destruição das máquinas efetivadas sob o signo de Ned Ludd ou, alguns anos mais tarde, em torno de 1830, do capitão Swing, figura igualmente legendária que, por seu turno, dá nome a uma onda de sabotagens contra as debulhadoras, é de fato chamada de "revolta como greve". Essas tentativas de conter a mecanização da indústria têxtil e do trabalho agrícola, retardando o avanço do mercado "autorregulado" que extrapolava o controle comunitário das condições de produção, recorreram a cartas de ameaça, incêndios das fábricas e ações armadas. Contudo, tanto em um caso quanto no outro, os danos causados seletivamente a algumas inovações técnicas, como a *gig-mill* e a *shearing-frame*,[91] no que diz respeito ao luddismo, visavam impor, de forma coerente, algumas reivindicações salariais precisas, um pagamento mínimo e o direito de organização sindical. Entre essas reivindicações estava também a obrigação de readmitir os trabalhadores substituídos pelas novas aquisições de "capital constante".

Assim, o luddismo não teria sido uma convulsão retrógrada que pretendia proteger resquícios patriarcais e consuetudinários no funcionamento da indústrias, mas uma expressão da luta de classe operária em uma conjuntura precisa, na qual a mobilização sindical não era ainda admitida nem codificada. Portanto, nessa fase de oscilação, seria possível ver apenas a greve em formação e a consubstancialidade das práticas que, em certo ponto, se separariam: prova disso é que os luddistas objetivavam melhorias salariais, bem como difundiam listas das máquinas que, por não substituírem mão de obra, são deixadas intactas. Dessa maneira, não se trataria

---

[91] A *gig-mill* era um maquinário, antes proibido pelo estatuto de Eduardo VI, que servia para passar o pano semiacabado entre cilindros equipados com cabeças de cardo. Assim, ele substituía em parte o trabalho dos tosquiadores e produzia tecidos de qualidade mais barata. Por outro lado, a *shearing-frame*, engenho mais sofisticado, compreendia duas ou mais tesouras inseridas em uma armação que, ao roçar a superfície do tecido, realizavam a tosquia.

de um capítulo final, mas de uma importante fase de transição a partir da qual os repertórios de luta se distinguiriam e se clarificariam justamente porque a organização capitalista estaria evoluindo. As leituras como a de K. Sale, em *Rebeldes para o futuro*, e segundo Clover, também a de Thompson, que veem no luddismo uma resistência prejudicial ao desenvolvimento e aos resultados da revolução industrial, ignorariam o seu caráter epocal e híbrido, que o colocaria em um preciso ponto de ruptura e de transformação estrutural que marcaria a passagem para o domínio real do capitalismo e, por isso, à hegemonia da greve e do movimento operário:

> Mas a ênfase colocada nos costumes, na sua luta contra o futuro, desconsidera o elemento que nas destruições das máquinas é invenção, é antecipação. Com efeito, trata-se do primeiro capítulo de uma política conflitual nas fábricas que ainda não teve fim. Apenas no curso de um período de transição pode surgir algo tão híbrido, ao mesmo tempo escandaloso e original, com um pé nas *enclosures* e nas revoltas do trigo, e outro no código trabalhista e nas lutas pela jornada laboral.[92]

Entretanto, a ligação com o passado que Thompson vê na revolta luddista não corresponde de forma nenhuma a um entrincheiramento reacionário. Nesse ponto, ao contrário, parece que os entendimentos de ambos os autores coincidem. Outra questão é a compreensão de que as instâncias agitadoras se põem como um tipo de árbitro dos conflitos laborais derivados do usos costumeiros em vias de desaparição, assim como o tema do "último capítulo". No longo capítulo de *A formação da classe operária inglesa* no qual a história de Ludd é inserida, "Um exército para os oprimidos", a

---

[92] J. CLOVER. *Op. cit.*, p. 85.

questão da continuidade com as anteriores tradições de luta parece ser posta de modo totalmente diverso.

Para Clover, naquela conjuntura as autoridades não usaram a denominação *riot*, revolta, exatamente em razão da explícita prioridade das reivindicações econômicas dos luddistas. O vocabulário repressivo teria dificuldade de se exprimir, já que, não podendo ainda usar o termo "greve", "revolta" parecia inadequado porque não havia conotações de descontentamento político ou relações com as correntes revolucionárias anteriores. Na cuidadosa narração de Thompson, que faz amplo uso de arquivos policiais e de relatórios das redes de infiltrados e espiões, as coisas são bem diferentes. Os luddistas colocaram em xeque as autoridades por muito tempo, e isso também tendo em vista o constante apoio da população, já que era difícil diferenciar, no interior do movimento, os elementos do velho jacobinismo "painista",[93] as conjuras secretas, os comitês conspirativos e os projetos insurrecionais, do núcleo puramente econômico do conflito. Em resumo, o luddismo era uma "sociedade opaca" cujos protagonistas escondiam as próprias identidades e finalidades, sobre as quais os testemunhos eram dúbios, não podendo ser decifrados pelas autoridades, já que exprimiam uma cultura do silêncio sabidamente perseguida e observada, uma cultura de desconfiança da comunidade operária em relação ao magistrado, ao nobre, ao poderoso:

> E aqui estamos no cerne do problema. A terceira grande razão pela qual as fontes são opacas é que os trabalhadores *queriam* que elas fossem assim. E falar de "intenção" significa usar um termo por demais racional. Na Inglaterra existiam então duas

---

[93] N.d.T.: Corrente republicana e radical ligada à eminente figura de Thomas Paine (1737-1809), pai fundador estadunidense e autor de *Rights of man*.

"culturas" distintas e bem definidas. Nos centros da revolução industrial, surgem institutos e formas de comunidade, e assim nasceram novas atitudes que tendiam, consciente ou inconscientemente, a barrar o caminho do magistrado, do empresário, do padre, do espião. A nova solidariedade não era apenas solidariedade *com*; era solidariedade *contra*.[94]

Por tais razões, Thompson se afasta dos argumentos de historiadores do movimento operário que, como os Hammond, os Webb[95] e Graham Wallas,[96] desclassificam a extensão dos tumultos luddistas no campo político, como se fossem maquinações e invenções de espiões. Os planos de sublevação contra o rei e as violências noturnas, no trabalho desses estudiosos, não são dignas de um antecedente do movimento operário moderno baseado em leis reformistas. Assim, malgrado a evidência, pior para as fontes. Contudo, o aspecto interessante é que, contrariamente ao que Clover sustenta, no luddismo os saques, as sabotagens e os gérmens das *trade unions* estavam, um ao lado do outro, em plena continuidade com as tradições subversivas, o radicalismo republicano

---

[94] E. P. THOMPSON. *La formazione della classe operai in Inghilterra*. Milão: Il Saggiatore, 1969, p. 46.

[95] N.d.T.: Sidney (1859-1947) e Beatrice Webb (1858-1943) criaram em 1848, juntamente com Bernard Shaw (1856-1950), a Sociedade Fabiana, cujo objetivo era implantar o socialismo por meios pacíficos. Boa parte dos membros de tal associação eram ingleses cultos e ricos, tais como H. G. Wells, John Maynard Keynes e Bertrand Russell. Em 1895, a Sociedade Fabiana criou a London School of Economics and Political Science, até hoje uma das instituições universitárias de maior prestígio no Reino Unido.

[96] John e Barbara Hammond, o casal Webb – autores de um trabalho sobre as *trade unions* citado inclusive por Lênin em *O que fazer?* – e Wallas foram historiadores do movimento operário de inspiração fabiana, inclinados a diminuir qualquer caráter conflitual e violento da história do proletariado inglês.

e a memória das velhas conspirações, como a de Despard, conspirador executado em 1803, ou a da "Lâmpada Negra":[97]

> Nenhuma interpretação do luddismo que o considere limitado a objetivos econômicos, ou que rejeite sua veia insurrecional – e, portanto, política –, vendo-a como falatório de "cabeças quentes", pode ser considerada satisfatória. Na própria Nottingham, onde o luddismo mostrou a maior disciplina na busca de objetivos econômicos, a relação entre a destruição de teares e sedição política foi reconhecida por ambos os lados, já que não apenas os trabalhadores nos teares, mas também as "ordens inferiores" geralmente manifestavam cumplicidade com os luddistas em sua luta contra os comerciantes, as unidades do exército e os magistrados.[98]

Ademais, os luddistas anteciparam os eventos posteriores de Pentridge e de Cato Street. No Lancashire, onde teve um impacto menor do que em outras regiões, essa "*jacquerie* operária contra a indústria" chegou em poucas semanas a ultrapassar a fase de danificar e destruir as máquinas, dando lugar a tomadas de armas, preparativos insurrecionais e exercícios militares.

A partir desse ponto de vista, prosseguindo na onda das assonâncias e dos livres saltos temporais, o afresco foucaultiano da insurreição dos *nus pieds* é exemplar, dado que fornece outra circunstância em que a rebelião popular, em toda a sua extensão, excede amplamente os limites de seu conteúdo econômico. Como se sabe, as lições em que Foucault

---

[97] Edward Despard foi um conspirador irlandês. Após uma tentativa conspirativa em 1802, foi executado no ano posterior por alta traição, permanecendo a sua figura fortemente impressa na memória popular. Black Lamp foi uma outra rede clandestina dedicada a reuniões noturnas. Thompson se ocupa de ambas no mesmo capítulo em que trata do luddismo.

[98] E. P. THOMPSON. *Op. cit.*, p. 138.

se ocupa de tais eventos são uma etapa fundamental do seu ajuste de contas com o marxismo, até porque coincidem com alguns dos momentos em que suas elaborações se aproximam das mesmas questões políticas que animavam a esquerda revolucionária. O aspecto que mais nos interessa aqui é que os tumultos do século XVII, ainda que ligados ao complexo mosaico de interesses e prerrogativas fiscais que caracterizaram a cobrança e a repartição dos impostos no interior da estrutura feudal, dizem respeito principalmente a um exercício de poder.

Trata-se do ponto focal em torno do qual se aglutinaram e se definiram as estruturas das instituições penais, o motivo pelo qual as funções de polícia e repressão se definiram e se separaram em uma específica configuração jurídica. De fato, para lidar com essas convulsões, a representação da Justiça deve cada vez mais obscurecer o seu caráter sancionatório no que diz respeito à luta entre as classes, assumindo uma aparência de neutralidade que garanta o seu funcionamento. Nesse quadro, na esteira de Porchnev, Foucault evidencia como as revoltas do século XVII, a partir de uma reivindicação antifiscal, são plenamente compreensíveis apenas com a lente de uma análise *estratégica*, como questionamento das formas com que o poder se consolida e se afirma e, portanto, também como manifestações de "contrapoder", em toda a sua ambivalência. Assim, supera-se até mesmo o dogma historiográfico que via a plebe e os movimentos populares capazes de reagir a carestias, impostos, desemprego e aumento de preços, mas nunca para contestar os modos de exercício e conservação do poder. Até mesmo o fato de que os *nus pieds*, ao levarem a cabo as suas represálias e os seus ataques, emulassem e reproduzissem os signos da autoridade constituída, chegando a utilizar os selos reais, gostemos ou não, pode ser lido por meio de uma ótica similar.

Essa prática de justiça popular, cuja interpretação lançou Foucault e os maoistas da Gauche Proletarienne em uma viva polêmica, dado que estes defendiam a ideia de tribunais e de justiça revolucionária, enquanto o primeiro evidenciava a relação indissolúvel entre a pena e a criminalização das sedições, a separação entre a plebe e o povo, ressoa no pano de fundo desse debate historiográfico.

No entanto, o que se comunica hoje conosco é essa ideia bifronte da sublevação popular, que se volta para sonhos de libertação agarrando-se à conservação de espectros do passado, ainda que imaginários e espúrios. Nesse sentido, continuando de modo livre, o binômio entre conservação, apego comunitário e rebelião tem algo a nos dizer nessa longa fase, na qual o fluxo do devir, a reestruturação e a transformação permanente, talvez até mesmo em certo sentido revolucionária, são há muito tempo a cifra do capital, de seu programa fora de controle de perene fuga para a frente? Alguém já observou essa estranha dimensão temporal presente nos *gilets jaunes*, uma revolta que se veste com cores conservadoras, mas para conservar qual passado, e qual identidade?

Surpreendente sobreposição que revela, no século XXI, um movimento social bastante potente, a ponto de perseverar apesar da repressão brutal, mantendo-se próximo das sedições populares que a França conheceu durante o longo ciclo das sublevações camponesas e plebeias dos séculos XVI e XVII. A resposta dos *gilets jaunes* se assemelha a um despertar dessa tradição sepultada, vencida pelo poderio militar e judiciário da monarquia e frequentemente esquecida na sombra, no interior do próprio marxismo, defensor da centralidade proletária. As suas ambivalências, entre insurreição e conservação, resistência e reação, são as que caracterizam as rebeliões expostas a mudanças do regime de historicidade.[99]

Aqui é necessário dar alguns passos para trás e ordenar alguns fios que se emaranharam. No curso do ano sucessivo àquele sobre os *nus pieds*, intitulado *A sociedade punitiva*, Foucault corrige um pouco a mira e acentua o corpo a corpo com o marxismo do período, especialmente em relação ao conceito de "reprodução" e às teorias sobre os aparatos ideológicos. Passando do século XVII ao XVIII, Foucault substitui tendencialmente a noção de "ilegalismo popular" pela de "plebe sediciosa" na sua analítica do poder penal e suas instituições. Desse modo, o peso das transformações no sistema de produção é acentuado, e as questões sobre a reprodução das relações sociais postas com mais força. Se na civilização feudal a multiformidade dos ilegalismos se articulava em um sistema de contrapesos, no qual as prerrogativas aristocráticas, a fixação dos preços no mercado e as várias irregularidades que competiam aos diversos estratos se anulavam, com o crescimento do poder da burguesia as coisas pouco a pouco mudaram de figura. A certa altura, os ilegalismos não serão todos iguais, e aqueles populares, com a massiva expulsão dos campos e a concentração nos lugares em que a riqueza e os meios de produção se encontravam à disposição, se reduzirão à depredação. E aqui a classe operária, o proletariado no sentido que depois se estabeleceu, ou seja, como sujeito, não pode ser identificado, ou melhor, pode ser identificado ao mesmo tempo que se plasma *ex novo* como corpo operário disciplinado, econômico e ritmado. As táticas da disciplina, que nascem e são sempre

---

[99] Disponível em: https://lundi.am/Gilets-Jaunes-et-Nus-Pieds-Frederic-Rambeau.

proporcionais ao perigo da sedição, nessa específica conjuntura reagem ao furto criando o operário, a classe como sujeito reconhecível: o poder combate a conspiração criando o crime e previne a apropriação criando o proletário. Em ambos os casos há uma excedência, de modo que carnes, corpos e instintos supranumerários são reduzidos à naturalidade de um tempo e de um espaço: o tempo e o espaço do capital, que ele divide com o sujeito operário, sua variável dependente e negação determinada. Em outras palavras, a força de trabalho é o resultado de um processo que torna os corpos produtivos, determinando-os simultaneamente como competentes e como submissos. Para que seja utilizável no posto de trabalho e fixado às máquinas, em vez de ser objeto de um conjunto de forças virtuais e genéricas, o "corpo operário" precisa ser adestrado em sentido tanto profissional quanto disciplinar, transformado em força produtiva ao mesmo tempo que é posicionado na relação de exploração capitalista. Por esse motivo, a teoria do poder disciplinar em Foucault não é uma teoria da reprodução social, das forças produtivas e do modo de produção, mas das formas com que estes se "constituem". No nível mais profundo das redes de poder, não há força de trabalho sem a transformação dos sujeitos em recursos produtivos inteiramente disponíveis para os ciclos de extração do valor, assim como não há modo de produção capitalista sem a sua ancoragem no espaço de trabalho e uma captura total do tempo de vida que lá se desenvolve. O poder sequestra, reclui, educa, espalha as disciplinas sobre o conjunto do corpo social, arregimenta as "classes perigosas" não para que sirvam às estruturas de produção, para garanti-las ou legitimá-las, mas para constituí-las e determiná-las no seu núcleo mais puro:

Se damos ao poder a extensão que acabei de mencionar, somos levados a rastrear o seu funcionamento em um nível muito mais profundo. Com efeito, o poder não pode ser compreendido apenas como uma garantia de um modo de produção, e sim como aquilo que permite construir um modo de produção. O poder é, de fato, um dos elementos constitutivos do modo de produção e funciona no seu centro. Foi o que quis demonstrar quando falei dos vários aparatos de sequestro, que não estão todos ligados a um aparato de Estado – longe disso –, mas todos desempenham um papel – sejam as caixas de previdência, as fábricas-prisões, as casas de correção – em certo nível: não aquele da garantia dada ao modo de produção, mas o da sua constituição.[100]

Tudo isso se relaciona com a figura que o projeto revolucionário e comunista assumiu ao longo do século passado. Liga-se ao que alguns pensadores e revolucionários chamaram, no limiar da crise geral que emergiu a partir dos anos 1970, de "teoria do proletariado". E com a sua decadência. Por isso é importante voltar a Clover e perceber o que não convence em sua análise. O programa proletário, a ideia de revolução que ele sempre contemplou, é a de uma generalização transitória da condição de classe explorada, universal e libertadora. A classe que não é nada, mas que deve se afirmar como conteúdo positivo, como núcleo germinal do próprio processo revolucionário. Segundo essa interpretação, o vício originário do capital é o de ter como força motriz e como limite o mesmo depósito de forças, ou seja, a força produtiva, e antes de tudo aquela vivente, o corpo biológico, as fontes orgânicas da atividade humana que se transforma em trabalho

[100] M. FOUCAULT. *A sociedade punitiva*: Curso no Collège de France (1972-1973). São Paulo: WMF Martins Fontes, 2016.

vivo. Um acúmulo maquínico e racional de trabalho morto, de sentido morto, que deve necrosar e metabolizar a linfa do sentido vivo, mas que não pode jamais esgotá-la sem se decompor. Cesarano nos recorda como esse *echappement* da utopia do capital reside em um sistema internalizante que persegue constantemente a dominação real nas trocas entre atividade e natureza, buscando de modo espasmódico e volátil, sempre mais rarefeito e sem conteúdo estável, inervar a comunidade material dos viventes:

> Recuperando e invertendo os impulsos autenticamente revolucionários expressos pelo movimento real no curso do primeiro vintênio do século XX, a contrarrevolução funcionou objetivamente como o mecanismo que sobreviveu às suas próprias crises, favorecendo e promovendo a deslocação das contradições fundamentais ínsitas aos modos e às relações de produção, do nível originariamente elementar da organização produtiva aos níveis sempre mais complexos e sempre mais totalizantes, até à atual dominação da economia tanto sobre toda forma de "vida" organizada no planeta quanto sobre toda sobrevivência das formas nas quais a vida orgânica, reduzida a mera "matéria bruta" de natureza extrativa, a mero propulsor da máquina social, é forçada a se reproduzir como "vida" mistificada, energia "natural" da espécie.

Para o marxismo, a negação imanente do proletariado é isso; para o melhor Marx, em quem Clover se inspira, a autonegação do proletariado representa o prelúdio do fim dessa dominação, já que, caso a figura proletária se expanda de novo, invadirá a reprodução e se generalizará, de modo que a força produtiva explodirá novamente. Mas em que medida essa expansão rompe com a lei do valor e sua medida calculável, vá para além da fábrica e da síntese do tempo de trabalho, a "síntese capitalista" do capital e do trabalho no social, que sempre depende de uma das duas partes?, pergunta-se Lucio Castellano. Bem, trata-se sempre de forças produtivas, generalizações do proletariado e transições... É uma hipoteca. No fundo, os anseios operaístas pelo domínio formal que retorna não vão, talvez, nessa direção?

Voltemos, pois, às revoltas e a um termo de periodização que se revela fundamental, como já dissemos: os motins do *lumpen* "racializado", de James Boggs aos Panteras Negras, que, aliás, se autodefiniam justamente como *lumpen*. Voltemos a Detroit, à união e à sobreposição entre as lutas dos desempregados, às vertentes radicais nas fábricas e à insurgência negra nas periferias. Trata-se de uma etapa importante até mesmo nas análises de Camatte, por exemplo, que a ela se refere muitas vezes em diversos textos de *Invariance*, que passo a passo se afastam das lentes de análise iniciais e do apego ao jargão bordiguista, fendendo-o e abrindo uma fissura nas suas teses sobre o partido histórico e a classe. Nos EUA e nos anos 1960, a revolta abre uma fase crítica que não envolve o retorno a uma identidade de classe anterior, e sim a sua dissolução enquanto tal, o deslocamento do domínio para outros e mais profundos terrenos. A fase de oscilação decisiva ocorrida entre os anos 1960 e 1970 é uma tentativa insurrecional generalizada, uma experimentação e uma redescoberta do comunismo que é, de fato, um último capítulo, aquele da relação entre forças produtivas e revolução, entre programa e teoria do proletariado como coordenadas de saída do capitalismo. Na constituição do capital sob a forma de comunidade material sem resíduos espaciais, o que não quer dizer sem um *fora* e sem fugas possíveis, não é a dominação formal, o comunismo do capital, que chega à maturação, e sim a dominação total do sujeito automático e da "antropomorfose", na qual é o sentido morto da representação englobante que toma para si as formas de vida. Assim, a insurreição não é um passo à frente na libertação, uma corrida desenfreada que agora é única e exclusivamente aquela do capitalismo, invertida e com o sinal trocado, mas uma "febre de rejeição", uma recusa desse avanço autodestrutivo. Por isso, como escreveu Alain Bertho, o limite de tempo parece ser percebido, no novo ciclo de revoltas, como o último, e a consciência ambiental da invivibilidade de um mundo que já é apocalíptico, *natura* do capital e de seus artifícios, parece se transmutar em senso comum prático. Sem dúvida, os amanhãs que cantam, escreve o antropólogo, deixaram de surgir à sombra da necessidade histórica, pulverizando, em sinergia com a *internet*, a nossa percepção do tempo e, segundo afirma, legando ao desuso as estratégias revolucionárias. Nas recentes convulsões das nossas vidas, se não há nenhum passado ao qual voltar e nenhum limite específico intransponível para sacralizar, certamente a redescoberta de algo esquecido é um ingrediente que deve fluir para o cadinho da subversão, de maneira a encontrarmos uma ideia revolucionária à altura das revoltas.

A ULTRAESQUERDA E O "PARTIDO HISTÓRICO" DA REVOLUÇÃO

A ultraesquerda no contexto alemão do primeiro pós-guerra[101]

As estruturas e as teses referentes ao laboratório magmático da assim chamada "crítica radical", várias vezes abordadas [na revista] *Aqui e Agora*, são reconduzíveis à filiação, filtrada e espúria, daquelas correntes do movimento operário internacional desenvolvidas no início do século XX que respondem pelo nome de ultraesquerda. Quando se fala em ultraesquerda, refere-se, na origem, a uma taxonomia vigente no seio das posições do socialismo internacional do início do século XX: a direita era identificada com as tendências chauvinistas da social-democracia alemã, representada por Ebert; o centro, com a orientação reformista e gradualista de Kautsky; e, por fim, a esquerda correspondia ao bolchevismo e à direção de Lênin. Dentro desse quadro, a ultraesquerda indica a fração, presente sobretudo na Alemanha e na Holanda, que desenvolvia uma oposição de esquerda ao leninismo na sua integralidade, como fenômeno teórico e prático,

---

[101] N.d.T.: Subtítulo inserido pelo tradutor.

no interior do movimento revolucionário e desde o início da Terceira Internacional.[102]

Não é fácil reconstruir o perfil de tal corrente, no sentido teórico e ideológico, na variedade de suas expressões e no seu entrelaçamento com a experiência histórica das tentativas revolucionárias ocorridas na Alemanha entre 1918 e 1921, bem como sua sucessiva avaliação. Os expoentes do "comunismo dos conselhos", a partir de Herman Gorter e Anton

---

[102] Entre 1919 e 1920, depois de seu primeiro congresso, o Comitê Executivo da Internacional Comunista fundou dois órgãos voltados para a propaganda na Europa Ocidental: o Bureau de Amsterdã e o Secretariado de Berlim. A história da controvérsia entre esses dois órgãos é central na polêmica e na fratura entre as tendências da ultraesquerda e da Terceira Internacional. Na Holanda havia um forte movimento marxista que fundou o primeiro partido comunista na Europa, a corrente "tribunista". O Grupo Tribunista, que em 1918, depois da expulsão da social-democracia, dá vida ao Partido Comunista Holandês, é representado por Anton Pannekoek, Henriette Roland-Holst e Herman Gorter, que também tem um papel importante no apoio à formação da corrente conselhista alemã. Graças às suas posições antiparlamentaristas e antissindicalistas, os comunistas holandeses e, portanto, o Bureau de Amsterdã, viram-se apoiando abertamente a esquerda do KPD alemão (futuro KAPD) contra o vértice representado por Paul Levi. Na Conferência Internacional de Amsterdã de 1920 se exprimiu o feroz contraste entre os dois órgãos, com a consequente formalização de duas tendências no interior da Terceira Internacional na Europa: nesse momento a ultraesquerda se tornou majoritária, com o suporte, por exemplo, da delegação inglesa de Sylvia Pankhurst, mas também do único delegado alemão, já que nenhum expoente do centro diretivo pôde comparecer. Todavia, no KPD, durante o congresso de Heidelberg de 1919, ainda que as posições da ultraesquerda tenham sido majoritárias na base, não o foram no grupo dirigente, com o que seus defensores foram marginalizados e expulsos do partido. Do mesmo modo, a Terceira Internacional destituiu o Bureau de Amsterdã, enquanto os comunistas conselhistas holandeses e alemães, que então tinham fundado o KAPD em maio de 1920, foram admitidos por um breve período na Terceira Internacional com o estatuto de "simpatizantes", para depois abandoná-la definitivamente após o seu terceiro congresso mundial, em 1921.

Pannekoek, ainda que tenham trilhado bem cedo o próprio percurso, em particular na esteira dos princípios fundamentais da escola holandesa,[103] elaboraram de forma madura as suas teses características ao se misturar com essas tentativas e seu legado: pode-se dizer que uma formalização completa do *Linkskommunsimus*[104] como tendência política organizada remonte à *Carta aberta ao companheiro Lênin* de Gorter e à fundação do KAPD[105] (Kommunistische Arbeiterpartei Deutschlands), em abril de 1920.

No polêmico texto e nas razões da cisão que separa o grupo dos "conselhistas" alemães do partido comunista oficial (KPD),[106] então dominado pela direita de Paul Levi, estão todos os elementos que, *in nuce*, caracterizam a ultraesquerda germânico-holandesa e o movimento conselhista como rechaço das formas dominantes do movimento operário e de suas instituições (sobretudo do sindicato e do "partido dos quadros") nos pontos estratégicos mais avançados do

---

[103] Como já foi dito, a escola do marxismo holandês, chamada de "tribunista" porque se reunia em torno da revista *A Tribuna* (*Die Tribune*), antecipa em suas características todos os pontos do Linkskommunismus: antiparlamentarismo; rejeição dos sindicatos como instrumento de compromisso entre as classes; ideia do partido como órgão de esclarecimento da consciência, subordinado às ações espontâneas de massa do proletariado e dotado de uma autônoma consciência revolucionária potencial; teoria do colapso iminente do capitalismo; e oposição intransigente à social-democracia. É preciso sublinhar que os bolcheviques e os ultraesquerdistas lutaram lado a lado na social-democracia e na Segunda Internacional, em torno da chamada Esquerda de Zimmerwald. Quando os holandeses foram expulsos em 1909 da Internacional, Lênin interveio com veemência em seu favor.

[104] N.d.T.: Palavra que, literalmente, quer dizer "comunismo de esquerda", mas também é traduzida, com mais propriedade, como "esquerda radical".

[105] N.d.T.: Partido Comunista Operário da Alemanha.

[106] N.d.T.: Kommunistische Partei Deutschlands: Partido Comunista da Alemanha.

desenvolvimento capitalista ocidental. Antes de reestabelecer os lineamentos gerais desse fenômeno, que certamente não será possível exaurir na presente investigação, é preciso, antes de mais nada, sublinhar a diferença nem sempre explicitada de modo claro pelos seus protagonistas e intérpretes, entre a ideologia do marxismo "conselhista" e a realidade histórica do "movimento dos conselhos" na Alemanha, cujos desdobramentos são muito mais amplos e transversais:

> Contudo, para evitar parecer patéticos ou festivos, julgamos necessária uma radical revisão crítica de toda a experiência conselhista, para distinguir aquilo que hoje parece irremediavelmente (e muito) superado daquilo que conserva o valor de uma experiência significativa, capaz de oferecer indicações também ao nosso agir político. Para tanto, é antes de tudo indispensável fazer uma distinção muito nítida entre o movimento dos conselhos, como se manifestou historicamente nas lutas operárias alemãs entre 1919 e 1921, e a ideologia dos conselhos, ou seja, as formulações teóricas dos grupos de ultraesquerda germânico-holandeses que, sobretudo *a posteriori*, tentaram redefinir o papel da organização conselhista na transição para o comunismo.[107]

Uma distinção desse tipo é significativa porque, como assinalado por importantes contribuições, entre as quais está o artigo acima citado ou o estudo seminal de Enzo Rutigliano.[108] No fenômeno político conselhista se exprimem composições

---

[107] M. BALUSCHI. Il movimento dei consigli e la formazione dell'ideologia consiliare. "Collegamenti per l'organizzazione di classe", Caderno 3: *Consigli operai e comunismo dei consigli*, Florença, 1981, p. 7.
[108] E. RUTIGLIANO. *Linkskommunismus e rivoluzione in Occidente*. Bari: Dedalo, 1974.

sociais e subjetividades muito diversas, portadoras de demandas conflitantes: em alguns casos, a reivindicação de "socialização" das fábricas e dos setores produtivos é ligada a uma ideia de "gestão operária", quando não de "cogestão", que vê nos operários mais especializados elementos disponíveis para um controle participativo do trabalho, enquanto em outros casos, como na área mineradora do Ruhr, representa uma potente tendência à auto-organização que toma de imediato o controle dos polos industriais, deles expulsando os patrões.

Não é por acaso que as mobilizações e as greves que se desenvolveram na zona do Ruhr durante 1919 e 1920, que opunham os conselhos operários à direção dos sindicatos, alinhada com o governo social-democrático, assumam quase de imediato um caráter de tipo insurrecional. De fato, serão os conhecidos *freikorps*[109] que reprimirão sangrentamente

[109] Os "corpos livres", termo que indicava originariamente unidades especiais do exército imperial prussiano, foram milícias voluntárias de ex--combatentes que se formaram na Alemanha de Weimar após a Primeira Guerra Mundial. Essas organizações paramilitares de fé nacionalista e reacionária, que representaram um verdadeiro e próprio caldo de cultura do nacional-socialismo, foram usadas pelo governo social-democrata para reprimir com sangue a insurreição espartaquista de 1919, a República Bávara dos Conselhos, a insurreição do Ruhr em 1920, a ação de março em 1921 e, de forma geral, a onda de greves e rebeliões que se seguiram naqueles anos na Alemanha central. Quem desencadeou a violência descontrolada desses grupos, que também estiveram na origem do *putsch* de Kapp, foi o ministro da Defesa social-democrata Gustav Noske. Uma reconstrução autobiográfica sugestiva e pontual da história político-existencial, do clima que se respirava no interior desse estranho fenômeno, está no famoso romance de E. Von Salomon, *I proscritti*, de 1930 (Milão: Baldini Castoldi, 2001). Esse livro evidencia as tramas do ambiente de extrema direita de Weimar, a sua relação com os "corpos livres" na preparação do homicídio do ministro das Relações Exteriores Walther Rathenau em 1922 e as consonâncias com o nascente fascismo. Não por acaso, o romance se tornou objeto de culto nos ambientes "neofascistas". Ademais, o mesmo autor escreveu também um ensaio apologético intitulado *O espírito dos*

essas convulsões, como farão mais tarde, em 1921, na famosa "ação de março", outra tentativa insurrecional de cunho abertamente político na qual o KAPD terá um papel de primeiro plano. Tal diferença entre participação e autonomia operária no interior da mesma forma conselhista, tema que será retomado de maneira mais profunda, não se apresenta sempre de modo linear e imediatamente decifrável, sendo, portanto, anunciadora de implicações políticas e de transformações que não devem ser desprezadas.

A concepção organizativa que, depois da cisão ocorrida em Heidelberg, marca a especificidade da propaganda e da operação "kapdista", é inerente à dialética massas-líder e, consequentemente, à função do partido político. No interior desse projeto, o papel do partido revolucionário se insere como um complemento à centralidade das organizações fabris espontâneas, ou seja, as "uniões" e a estrutura de coordenação dirigida pelos conselhos operários, gérmens da futura organização produtiva comunista. Nesse sentido, as soluções defendidas e praticadas pelos grupos da ultraesquerda são ao mesmo tempo avessas à modalidade do "partido de massas", assumida tradicionalmente pelos sociais-democratas e, depois do segundo congresso da Terceira Internacional, pelos comunistas de orientação "soviética",[110] àquela vanguardista,

---

corpos livres (Milão: Ritter, 2010). Nele Von Salomon defende o ponto de vista revanchista e "protofascista" daqueles destacamentos que foram, é útil sublinhar, o principal instrumento repressivo usado pelo governo social-democrata para reestabelecer a ordem capitalista na Alemanha, sufocando com sangue as tentativas de emancipação das massas trabalhadoras.

[110] Foi no segundo Congresso da Internacional Comunista de 1920 que Lênin distribuiu o ensaio *Esquerdismo, doença infantil do comunismo*, no qual ajusta as contas com a esquerda comunista alemã, mas também com outros, entre os quais Bordiga. A *Carta aberta* de Gorter é uma resposta ao anátema contra o extremismo. No mesmo período, depois do congresso

típica do "partido de quadros", que pretende substituir a iniciativa autônoma das massas proletárias por um centralismo com direção separada e, por fim, ao sindicalismo, que buscando uma agregação dos trabalhadores com base na unidade de ofícios, alimenta as lógicas corporativas e fraciona a coesão dos explorados. Dessa feita, a estrutura conselhista deveria se articular por meio das "uniões" (*Betriebs Organisation*) agrupadas segundo células produtivas singulares e diversos distritos industriais, representadas em seu conjunto por uma "união operária geral":

> Cada fábrica, cada lugar de trabalho constitui uma unidade. Na fábrica os operários elegem os seus homens de confiança. As organizações de fábrica são divididas em distritos econômicos. Por meio dos distritos, pode-se também eleger homens de confiança. E os distritos elegem, por sua vez, a direção geral da união para todo o Estado. Assim, todas as organizações de fábrica, independentemente de a qual indústria pertençam, formam juntas uma só união operária.[111]

---

de Halle, o KPD de Paul Levi se reunificou com a ala esquerda do USPD, os sociais-democratas "independentes", formando o VKPD, ou seja, o Partido Comunista Unificado da Alemanha. Anton Pannekoek escreve em 1947, comentando em retrospecto a estratégia internacional seguida pelos bolcheviques: "Desenvolveram-se círculos e partidos socialistas, os quais estavam prontos para colaborar com os partidos comunistas porque estes haviam então previsto em seus programas a aceitação do parlamentarismo, a participação nas eleições e o apoio aos sindicatos, de maneira a se aproximar mais das convicções existentes entre as massas. Além disso, o fato de que a Rússia bolchevique estivesse ameaçada pelos países capitalistas que venceram a guerra, levou os seus dirigentes a procurar apoio nas organizações operárias ocidentais por meio de uma política oportunista mascarada com *slogans* radicais". A. PANNEKOEK. *Organizzazione rivoluzionaria e consigli operai*. Milão: Feltrinelli, [1947]1970.

[111] H. GORTER. Risposta a Lenin. In: E. RUTIGLIANO. *Op. cit.*, 1920, p. 120.

Consequentemente, no interior dessas organizações, a posição dos chefes é redimensionada de maneira drástica no que se refere à centralização do poder burocrático cristalizado nos tradicionais aparelhos sindicais e partidários, sendo reconduzida a um instrumento representativo temporário e subordinado às exigências da luta de classes:

> Como é diferente nas organizações de fábrica! Aqui é o próprio operário que decide sobre a tática e a orientação da sua luta, fazendo intervir imediatamente a sua autoridade se os chefes não fazem o que ele quer. Ele está permanentemente no centro da luta porque a fábrica, a oficina, são a sua base de organização.[112]

Esse papel federativo foi realizado, na conjuntura da temporada revolucionária alemã que se dá entre 1918 e 1923, por uma sigla, a AAUD (Allgemeine Arbeiter Union Deutschlands),[113, 114] que em 1920 chegou a ter 800 mil trabalhadores. A tarefa do partido revolucionário, como se diz, acaba sendo substitutiva em relação ao quadro de tal "sistema de conselhos" embrionário, já que, diferentemente de todas as

---

[112] *Ivi*. p. 121.

[113] N.d.T.: União Geral dos Trabalhadores da Alemanha.

[114] A AAUD era a organização mais estreitamente ligada ao KAPD e às suas posições, ainda que propusesse reunir constitutivamente toda a luta de classes operária segundo bases conselhistas sem nenhuma discriminação ou divisão ideológica. Essa fórmula de "dupla organização" suscitou dissensos do grupo reunido sobretudo em torno de Otto Rühle, que acusou os kapdistas de constituírem uma nova "camarilha" dirigente. Dessa divergência nasceu, em dezembro de 1920, a AAU-E (Allgemeine Arbeiter Union Einheitsorganisation, ou seja, União Geral dos Trabalhadores – Organização Unitária), de cunho autogestionário que se aproxima de temáticas anarquizantes e recusa qualquer compromisso com o princípio de partido, e é influenciada pela revista político-literária *Die Aktion*. O. RÜHLE. *La rivoluzione non è affare di partito*. Caserta: Edizioni G.d.c, [1920]1974.

anteriores hipóteses marxistas de transição para o socialismo, não tem nenhum encargo diretivo nem deve governar o processo geral de transformação social. Em que consiste precisamente a posição auxiliar da "forma-partido"? Em primeiro lugar, cabe-lhe o trabalho de propaganda e de difusão da consciência teórica em relação à classe explorada, que sendo portadora de uma latente mas intrínseca vocação revolucionária, deveria ser apenas subtraída dos influxos das ideologias dominantes, de qualquer modo "desenganadas", como transparece nas palavras de Pannekoek:

> Entre todos os homens que compõem a classe operária, se desenvolvem gradualmente as forças que são a consequência do que eles experimentam e vivem na sociedade; todavia, essas forças são freadas por uma pressão exercida do alto, e se mantêm inconscientes, escondidas no subconsciente, até que sejam despertadas e se tornem grandes forças espirituais: até que o que era somente uma força potencial, latente, se torne uma força efetiva e real, graças ao entusiasmo suscitado por uma ideia, até que aquela fagulha que vive dentro desses homens se transforme em um fogo ardente.[115]

Ademais, se o grupo minoritário dos militantes comunistas reunidos no partido conserva de algum modo aspectos de uma "vanguarda" *lato sensu* no que diz respeito ao desenvolvimento revolucionário, é por meio da "ação exemplar", inclusive audaz e violenta, que tal vanguarda deve despertar as consciências para a urgência do conflito, mostrando também aos proletários, com a própria coragem, uma imagem encarnada de seu próprio futuro. Escreve Gorter em sua carta sua a Lênin:

---

[115] A. PANNEKOEK. *Op. cit.*, p. 225.

> Esse meio consiste na formação, na educação de *um grupo que traduz, por meio da luta, aquilo no que a massa deve se transformar*. Indique-me, companheiro, um outro meio, caso o conheça. Eu, no que me diz respeito, não conheço outro. Segundo entendo, no movimento operário, e sobretudo na revolução, só pode haver uma prova: a do exemplo e da ação.[116]

A opção estratégica pelo ato exemplar como força motriz dirigida às massas, um tipo de "propaganda pelos fatos" e de ginástica revolucionária[117] que levou alguns a acusar os "kapdistas" de "golpismo", marcou de modo decisivo a evolução e a derrocada dessa corrente. Em primeiro lugar, houve a grande tentativa de insurreição geral constituída pela "ação de março" em 1921, que culminou com uma dramática derrota, facilitada pela ausência de resposta da classe operária de muitas regiões alemãs, o que estabeleceu um ponto de não retorno na desagregação da ultraesquerda como força organizada; além disso, é importante citar o fenômeno dos expropriadores comunistas, entre os quais estão o famoso Max Hölz[118] e Karl Plattner, que cruzaram o caminho do KAPD; por fim, ocorreram atentados individuais, sobretudo na fase tardia de dispersão

---

[116] H. GORTER. *Op. cit.*, p. 122.

[117] Um apaixonante recorte da dimensão de coragem, preparação militar, formação tanto para o combate de rua quanto para a ação ilegal que animou o comunismo conselhista alemão, em particular seus membros mais jovens, está contida na primeira parte da autobiografia de Mattick, só recentemente traduzida para o italiano: P. MATTICK. *La rivoluzione. Una bella avventura*. Trieste: Asterios, 2020.

[118] M. HÖLZ. *Un ribelle nella rivoluzione tedesce (1918-1921)*. Pisa: BFS, [1929]2001. Bandido comunista na região de Vorgland, protagonista da ação de março e muito próximo do KAPD, se reaproximou durante a prisão, que se iniciou em 1921, do partido comunista oficial, que conduzirá uma eficaz e potente campanha para sua libertação. Em 1928, obteve a anistia e foi para a URSS.

"grupuscular" em face da feroz repressão da segunda metade dos anos 1920, o que culminou na controversa história do incêndio do *Reichstag* em 1933, atribuído a Marinus Van der Lubbe.[119] Sobre esse tema, escreve Canne Meijer:

> A estratégia que ele recomendava era a da *classe contra classe*, baseada simultaneamente nas lutas dentro da fábrica, nos levantamentos armados e, algumas vezes também, como preliminar, na ação terrorista (atentados, expropriação de bancos, de joalherias etc., frequentes no início dos anos [19]20). A luta nas fábricas dirigidas pelos comitês de ação criaria a atmosfera e a consciência de classe necessárias às lutas de

[119] A história de Marinus Van der Lubbe, jovem operário comunista holandês emigrado para a Alemanha, foi objeto de reconstruções e hipóteses conflitantes: em 27 de fevereiro de 1933, ele foi encontrado pela polícia enquanto se escondia perto do Reichstag em chamas, que declarou ter incendiado como gesto extremo de protesto contra a violência política antiproletária do partido nazista, para assim despertar os trabalhadores de sua letargia política. Bode expiatório ideal, foi condenado à pena de morte, reintroduzida no ordenamento jurídico alemão somente depois de sua prisão. Tanto os expoentes do partido nazista quanto os dirigentes do partido comunista filosoviético – alguns dos quais também foram presos e responsabilizados pelo ocorrido, mas depois liberados – sustentaram que por trás do atentado havia um complô. O partido nazista acusou os comunistas de conspiração subversiva contra o governo, enquanto os comunistas afirmaram que as hierarquias nazistas manobraram Van der Lubbe, que não seria nada mais do que um desequilibrado e provocador, para assim introduzir uma legislação de emergência e revogar os direitos civis. Apenas pequenos grupos da esquerda comunista mais intransigente defenderam a posição de Van der Lubbe, avalizando aquela que foi a sua própria versão dos fatos, como testemunham dois livros bastante ágeis: D. ERBA (org.). *Marinus Van der Lubbe. La sinistra comunista e l'incendio del Reichstag*. Milão: All'Insegna del Gatto Rosso, 2011; N. JASSIES. *Berlino brucia. Marinus Van der Lubbe e l'incendio del Reichstag*. Milão: Zero in Condotta, 2008. Há também uma edição italiana de parte do diário de Van der Lubbe: M. VAN DER LUBBE. *Diario*. Brescia: Chersi Libri, 2009.

massa e teria levado massas cada vez maiores de trabalhadores a se mobilizar para as lutas decisivas.[120]

Para contextualizar esse conjunto de práticas e de metodologias em termos históricos de evolução do modo de produção capitalista, é útil considerar dois textos importantes, publicados na Itália no contexto do operaísmo, ambos em 1972: "Composição de classe e teoria do partido nas origens do movimento conselhista",[121] escrito por Sergio Bologna, e "Sobre o problema da organização. Alemanha 1917-1921", introdução de Massimo Cacciari a uma antologia dos artigos de Lukács na revista *Kommunismus*.[122]

Ambas as contribuições, que influenciaram fortemente a recepção e o debate sobre o comunismo dos conselhos no desenvolvimento do movimento operário e nas modificações de sua composição de classe, em primeiro lugar do ponto de vista "técnico", sustentam que a experiência conselhista esteve indissoluvelmente ligada aos estratos mais altamente especializados e qualificados do proletário alemão, dotados de capacidades profissionais muito avançadas e de um controle tecnológico do processo laborativo tal que lhes permitia uma participação direta, ao lado dos técnicos e dos engenheiros, da organização científica da produção, em especial na

---

[120] C. MEIJER. *Il movimento dei consigli in Germania (1919-1936)*. In: Collegamenti per l'Organizzazione di Classe, Caderno 3: *Consigli operai e comunismo dei consigli*, Florença, 1981, p. 35. O texto apareceu originalmente mimeografado, em 1945, e depois foi reeditado no primeiro número de ICO, como suplemento de circulação limitada.

[121] S. BOLOGNA. Composizione di classe e teoria del partito alle origini del movimento consiliare. In: S. BOLOGNA *et al. Operai e stato*, Feltrinelli, Milão, 1972.

[122] M. CACCIARI. *Sul problema dell'organizzazione. Germania 1917-1921*. In: G. LUKÀCS, *Kommunismus 1920-1921*. Padoa: Marsilio Editori, 1971, pp. 7-66.

indústria mecânica. De fato, no setor mecânico e eletromecânico alemão eram dominantes empresas de médio porte em que as inovações organizacionais do fordismo, a começar pela linha de montagem, não tinham ainda sido introduzidas. Esses componentes da força de trabalho industrial, que Bologna reconduz à figura do "operário-inventor", perfeitamente integrados em certo estágio do desenvolvimento capitalista e conscientes de seu funcionamento, estariam naturalmente inclinados a uma ideia de "gestão operária" ou autogestão da produção, prevista no projeto dos conselhos operários:

> A posição do operário altamente especializado da indústria mecânica, de elevadas capacidades profissionais, que trabalhava o metal com precisão, que conhecia perfeitamente os próprios utensílios, manuais e mecânicas, que colaborava com o técnico e com o engenheiro na modificação do processo laborativo, era a posição materialmente mais suscetível à aceitação de um projeto organizativo-político como o dos conselhos operários, ou seja, de autogestão da produção. A influência que a concepção da gestão operária teve no movimento dos conselhos talvez não teria sido tão vasta sem a presença de uma força de trabalho indissoluvelmente ligada à tecnologia do processo laborativo, com uma carga de valores profissionais e empresariais muito elevada, naturalmente levada a colocar em primeiro plano a própria função de "produtora".[123]

Todavia, o período em que se desdobra a história do movimento dos conselhos é exatamente aquele no qual o capitalismo alemão está prestes a decompor e a substituir a arquitetura produtiva na qual essa função de vanguarda, econômica e política, encontra seu lugar. Cacciari, em particular, desenha

[123] S. BOLOGNA. *Op. cit.*, pp. 15-16.

um quadro em que a iniciativa capitalista, como *Rationalisierung*, reestruturação técnica do trabalho e recomposição das hierarquias internas à classe operária, ocupa o centro da cena, levando a um ataque decisivo contra as vanguardas políticas do movimento operário alemão, radicadas exatamente na força de trabalho qualificada e competente, vista como "aristocracia operária", que nessa fase é desmantelada e privada do próprio papel hegemônico em razão das novas necessidades do ciclo produtivo. A potencialidade do aparato industrial é otimizada e racionalizada, dando fim a determinado ciclo da organização de classe, erodindo os privilégios do operário profissional e incentivando um aperfeiçoamento do capital constante e das aplicações técnicas que são acompanhadas por um nivelamento das capacidades profissionais e pelo surgimento daquelas frações da força de trabalho que se transformarão no "operário-massa", o trabalhador genérico e desqualificado. Segundo Bologna, não é por acaso que o mapeamento dos experimentos conselhistas de caráter mais marcadamente gestional e participativo corresponda ao das regiões e dos distritos industriais de ponta no setor mecânico, onde o trabalhador especializado ainda é hegemônico, como a Saxônia ou a região de Berlim.

Nesse contexto, a estratificação da força de trabalho não ocorre segundo as linhas distintivas de qualificação profissional em determinado setor, mas diferenciando os vários setores com base na sua importância, em certa fase, para o crescimento da economia nacional: consequentemente, reduzem-se os desníveis de especialização e salariais no interior do mesmo setor produtivo. Qualquer programa ou possibilidade material de "controle operário", segundo tais hipóteses, seria reduzida a pedaços, acabando por ser demolida por essa fase de desenvolvimento. Se os resultados de tal processo, em termos econômicos, relativos à retomada e ao aumento da produtividade, se tornam evidentes na segunda metade dos anos 1920, segundo Cacciari os pressupostos políticos dessa passagem, ou seja, a derrota de uma sequência de lutas de classe operárias por parte do comando capitalista, remontam exatamente à conjuntura entre 1918 e 1923:

> Se é entre 1924 e 1929 que a produtividade do trabalho aumenta em 25%, que se acentua a racionalização da estrutura monopolista por meio do mecanismo das integrações verticais, que se revê a política financeira da República, que se torna mais ativa, em todos os níveis, a intervenção econômica do Estado, é entre 1918 e 1923 que se combate, *politicamente*, toda resistência a esse processo de reestruturação, que se ataca os níveis "históricos" da organização operária, que o capital tenta se dar, em larga medida obtendo sucesso, uma nova configuração institucional, homogênea em relação aos processos de recomposição que agora investem todo o seu ciclo.[124]

Segundo tal reconstrução, a experiência conselhista seria então uma batalha de retaguarda, o canto do cisne de uma fração da classe operária entrincheirada em suas próprias posições de privilégio, prestes a perder seu controle sobre o processo laborativo e a relativa qualidade de vanguarda política. Por esse motivo, o movimento operário alemão, na sua assunção transversal da temática conselhista, diversamente declinada, teria se revelado incapaz de apreender – e mais: de antecipar – as transformações operadas pelo capitalismo, míope no que diz respeito ao seu alcance, limitando-se a reivindicar uma "participação" nos mecanismos produtivos que se torna cada vez mais anacrônica. Com efeito, a introdução

---

[124] M. CACCIARI. *Op. cit.*, p. 9.

da cadeia de montagem fordista, com a sua necessidade de uma força de trabalho parcelar e intercambiável, apaga materialmente tal figura laboral da indústria mecânica antes mesmo que seu papel de vanguarda política tenha atingido a plena maturação, hipotecando-a assim desde o início:

> As inovações propostas por Ford não eram simples saltos de qualidade em relação ao maquinário, mas representavam em longo prazo a progressiva extinção do operário ligado à máquina, à peça, à empresa, ao ofício. O operário altamente qualificado do setor mecânico teve que dar lugar ao operário moderno da linha de produção, desqualificado, desenraizado, com altíssima mobilidade e intercambialidade. Portanto, é importante recordar que antes que a "aristocracia operária" alemã se tornasse "vanguarda revolucionária", antes mesmo de completar a sua prova de fogo, já estava destinada objetivamente à extinção graças às vanguardas capitalistas.[125]

A ideologia conselhista estaria, portanto, ancorada a um horizonte "utópico-regressivo" que se valeria de estratos de classe ainda "autônomos" e ciumentamente dotados de relativa independência para liquidar os processos incipientes de massificação da força de trabalho e conservar um domínio técnico do sistema fabril: trata-se assim de um movimento reativo em relação aos mecanismos irreversíveis da inovação. No interior de tal complexo ideológico e discursivo, a tendência "antiburocrática" do *Linkskommunismus* representaria apenas a sua variante mais radical, não essencialmente discordante no que toca ao vocabulário teórico centrado na preservação do trabalhador como "sujeito" consciente e autônomo. Nisso ela estaria aparentada a uma tradição ideológica, já difundida no

[125] S. BOLOGNA. *Op. cit.*, pp. 17-18.

movimento operário europeu, que conhece em György Lukács e Karl Korsch os seus mais ilustres expoentes intelectuais. Tal tradição seria marcada por uma visão ideológica e ilusória da ação política que confluiu em Luxemburgo, Pannekoek e Gorter, a qual desvaloriza o cerne organizacional em favor de uma forma espontânea, *naturaliter* democrática, que uma minoria de operários "conscientes" deveria opor a todo princípio de comando e direção externa.

Um dado evidente no desenvolvimento dessas análises é a homogeneidade geral atribuída, no que diz respeito à trajetória dos conselhos, à totalidade do movimento operário alemão, o que teria caracterizado desde a esquerda social-democrata até Rosa Luxemburgo, sendo todos incapazes de interpretar as transformações em ato: o movimento comunista, em particular, se distinguiria pela defesa de uma composição de classe atrasada no que concerne ao impulso "igualitário" do desenvolvimento capitalista, defendendo de forma paradoxal uma configuração superada e obsoleta de trabalho fabril, uma ideia de espontaneidade e uma "política de massas" que desconsidera o deslocamento do antagonismo social para um plano novo e mais amplo, permanecendo aquém das reais relações de exploração. Dessa maneira, a ultraesquerda teria um papel de retaguarda em relação à socialização de classe. Todavia, o problema do comunismo conselhista alemão, como enunciado por outros autores, exige que se faça uma distinção mais rigorosa, reconhecendo a especificidade das posições da ultraesquerda, tanto no que diz respeito às suas concepções políticas quanto no que se refere aos agentes sociais de referência.[126] Como evidenciado por Enzo Rutigliano, a

[126] No entanto, é preciso especificar que entre as contribuições dos dois intelectuais operaístas italianos há uma notável divergência de estilo e de conteúdo na avaliação da experiência conselhista em termos de matriz "sociológica"

e impacto político. De fato, o texto de Cacciari afirma que a parábola do Linkskommunismus, ao se cristalizar não apenas nas posições políticas de Pannekoek, Gorter e companhia, que, para dizer a verdade, foram deixadas de lado (o KAPD não é citado nem uma vez em um ensaio de mais de sessenta páginas), mas sobretudo na crítica luxemburguiana do modelo organizativo bolchevique e na relativa posição sobre o problema da espontaneidade proletária, estaria sob o influxo de certo clima ideológico que teria bebido do debate sociológico "guilhermino", representado em particular pelas teses de Robert Michels. Para Cacciari, os comunistas conselhistas, mas com eles toda a tendência antiburocrática da esquerda revolucionária alemã, de Rosa Luxemburgo a Kurt Eisner e passando por Gustav Landauer, seriam essencialmente filhos de uma visão "romântica" e essencialista da antítese entre espontaneidade e organização, de uma crítica tipicamente alemã do princípio "oligárquico" da burocracia política moderna que, idealizando a liberdade individual não alienada e a autonomia criativa dos sujeitos, seria substancialmente retrógrada e reacionária em relação aos problemas postos pelo caráter revolucionário e inovador da direção capitalista. Tais formulações estariam aquém das teses elaboradas a partir dos pontos de vista capitalista e do movimento operário, representados respectivamente por Weber e Lênin, que seriam, ao contrário, internas ao princípio moderno do político no seu horizonte de desenvolvimento separado e profissional. A análise de Sergio Bologna, ainda que compartilhe a premissa sobre a composição técnica dos experimentos conselhistas alemães, tende a uma conclusão de natureza completamente diferente, muito mais atenta em relação à peculiaridade do movimento operário alemão do período, do qual reconhece abertamente as potencialidades revolucionárias. Antes de tudo, Bologna admite que a tendência conselhista não se esgotava na instância participativa e "cogestional" da força de trabalho mecânica especializada, que também tem um papel preeminente, sublinhando mais o impacto das greves dos setores siderúrgicos e minerários, como, por exemplo, na bacia do Ruhr (em 1899, 1904 e 1919). Ademais, ele também reconhece na impossibilidade momentânea, por parte das médias empresas do setor mecânico alemão de substituir a força de trabalho profissional e imitar os processos de massificação fordista da indústria automobilística estadunidense, um elemento de rigidez operária que torna as reivindicações gestionais fortemente perigosas e subversivas. Por isso o comando capitalista precisou combater com tanta violência repressiva o ciclo de lutas entre 1918 e 1921: "Uma organização dos operários que simplesmente reproduzisse a estrutura da força de trabalho na fábrica, uma organização que reunisse os trabalhadores apenas nas suas posições e funções de produtores, uma organização que em suas demandas globais quisesse simplesmente manter os operários dentro da fábrica como estavam, acabaria por se tornar uma organização

parábola do movimento dos conselhos não é de fato redutível às expressões de resistência do operário profissional, diversificando-se segundo linhas de desenvolvimento contrapostas que refletem as divisões internas à sedimentação da subjetividade proletária. Assim, a articulação das classes exploradas

---

mortal para o capitalismo alemão [...]", S. BOLOGNA. *Op. cit.*, p. 25. O modelo oposto ao do conselhismo alemão seria o do agitador *wobbly* estadunidense, membro do Industrial Workers of the World, que percorre todo o país como força de trabalho sazonal, intercambiável e semidesocupada que gravita de um setor produtivo a outro. Todavia, é significativo que, ainda que Bologna não comente, a influência dos IWW e de suas *Unions* foi muito forte na formação do KAPD e de sua concepção organizativa, como Paul Mattick recorda muitas vezes. Fritz Wolffheim, exponente hamburguês de ponta do KAPD, foi redator entre 1912 e 1913 do jornal de língua alemã dos IWW de São Francisco. Um outro texto operaísta importante sobre o tema é o de K. H. Roth, *L'altro movimento operaio* (Milão: Feltrinelli, 1976), em particular o segundo capítulo "Lutas operárias e contra-ataque capitalista antes do nacional-socialismo", pp. 26-96. Na reconstrução dos dois movimentos operários, um profissional e o outro genérico e massificado, a partir da época guilhermina, Roth se debruça de modo acurado sobre as lutas entre 1919 e 1921, dividindo-as em duas fases: a primeira econômica e defensiva, conselhista no sentido cogestional, que culmina na repressão dos motins berlinenses de 1919, e a segunda eminentemente política e ligada a uma afirmação do poder operário. Roth sustenta com argumentos detalhados e convincentes que a cisão de Heidelberg e a formação do KAPD corresponderiam justamente à expressão do "outro" movimento operário, menos qualificado e mais avançado politicamente, traçando um paralelismo com os IWW, frequentemente citados na imprensa alemã do período. Toda a fase insurrecional das lutas operárias e minerárias entre 1919 e 1921 seriam uma expressão direta e madura desse "outro" movimento operário, completamente estranho a lógicas reivindicativas ou profissionais. Ao aplicar essa distinção de modo rigoroso à sequência revolucionária alemã, à composição da classe operária e ao problema dos conselhos, fazendo as distinções adequadas entre as posições do KPD e do USPD, por um lado, e a do KAPD por outro, Roth retifica Bologna, mas sobretudo responde com decisão as afirmações denegatórias de Cacciari: "Em nenhum caso se pode concordar com Cacciari, que relaciona em bloco o comunismo de esquerda com o atraso profissional; Cacciari deveria se confrontar ao menos com a revolução de março depois do *putsch* de Kapp. Entre a ofensiva de classe de 1920-1921 e os passeios nas nuvens de um Korsch ou de um Luckács há uma diferença bem real", *Ivi*, p. 63, nota.

na sociedade alemã do primeiro pós-guerra se traduziria nos modos de conjugar a instância dos conselhos segundo formas que reproduzissem a diversidade de interesses e a posição nas hierarquias das relações de exploração.

Nesse sentido, o operário fabril especializado, envolvido em tentativas de cogestão participativa por meio de conselhos e comitês de fábrica (legalmente integrados à Constituição de Weimar mediante uma lei de 1920),[127] seria o reservatório de recrutamento da social-democracia de esquerda (USPD) e do KPD, mas não dos partidos pertencentes à ultraesquerda, formados, ao contrário, por militantes que pertenciam às categorias mais marginalizadas e menos tuteladas, sem ocupações estáveis e periodicamente empurrados para o "exército de mão de obra de reserva", sendo, portanto, próximos do subproletariado. Desse modo, o contraste entre as frações da massa operária estaria na origem das linhas e dos modelos organizativos que opõem os dois blocos do movimento comunista, determinando de maneira exemplar as suas atitudes durante a "ação de março". De fato, nessa conjuntura paradigmática, que constitui um recorte histórico e um prisma de observação privilegiado, se assiste, por um lado, a certo apego ao local da fábrica, visto como domínio próprio, em um fetichismo do trabalho que reduz a classe à sua posição estrutural de "capital variável", havendo, por outro lado, comportamentos de recusa externos à fábrica que conduzem a um apoio ativo à insurreição falida:

---

[127] "Nas empresas com mais de vinte operários se tornaram obrigatórios os comitês paritários sindicato/patronato: esse aspecto será desenvolvido em janeiro de 1920 com a 'lei sobre os conselhos de empresa'", D. AUTHIER; J. BARROT. *Op. cit.*, p. 51.

> Nesse caso, a figura central do movimento deixou de ser a do operário especializado de vanguarda e consciente para se tornar a do operário massificado, desocupado e semi-subproletário. [...] parece-nos que somente o KAPD aceitou a nova realidade, propondo como objetivo mínimo a "revolução maximalista" ou o comunismo. Até porque a nova configuração do operário de massa já é perceptível no trabalhador não qualificado e desocupado ou de qualquer forma às margens da produção, principal figura de ativista das AAU e do KAPD. E é também a essa diversa base social que remontam os contrastes e as diferentes linhas políticas que separam o KPD e o KAPD: com efeito, os dois partidos são expressões de interesses diversos, o que será demonstrado em seguida por meio de comportamentos diversos que, durante a ação de março, terão os operários profissionais das indústrias químicas de Leuna, apoiadores de uma defesa a qualquer custo da sua fábrica, e os operários desocupados e semidesocupados que agem fora das fábricas nas formações de combate do KAPD. [...].[128]

Retomando a terminologia de outro intelectual operaísta, dessa vez alemão, Karl Heinz Roth, pode-se fazer remontar os contrastes que atravessaram a história das lutas de classe na Alemanha, e mais especificamente o percurso do *Linkskommunismus*, à existência de dois movimentos operários bem distintos. Em conformidade com o esquema até agora resumido, Roth reconstrói de maneira acurada a existência de dois componentes diversos no interior das organizações políticas da classe operária alemã desde a era "guilhermina": aquela ligada ao operário profissional, que conduz lutas defensivas e meramente econômicas, transformando o tema

---

[128] E. RUTIGLIANO. *Op. cit.*, p. 24.

dos conselhos em um vetor de cooperação no plano da inovação capitalista, ainda que com traços ideológicos radicais, e o "outro movimento operário", radicado na força de trabalho das massas desqualificadas presentes sobretudo nos setores minerários e metalúrgicos, que conjuga a autonomia dos produtores a elementos de conflito político direto, inclusive militar, contra as estruturas do poder burguês.

A historiografia oficial dos partidos de esquerda e dos sindicatos, da social-democracia ao KPD, organicamente ligada a uma representação das lutas sociais voltada para a legitimação da linha dos grupos dirigentes e das suas escolhas estratégicas, teria então recalcado sistematicamente o protagonismo desses estratos sociais e o caráter irruptivo de suas lutas. Desse modo, ocultam-se não apenas os elementos de ruptura e de descontinuidade na história do movimento operário, mas também a incapacidade, por parte de suas instituições representativas e de seus dirigentes, de individuar os pontos de real emergência da conflitualidade mais avançada e os potenciais vanguardistas de uma convulsão revolucionária. Escreve Roth, descrevendo um processo de gestação que remonta aos últimos dois decênios do século XIX:

> O operário profissional era então a espinha dorsal e o motor do reformismo operário da época guilhermina. O fato de que, para ele, a revolução proletária fosse uma questão de paciente espera, de pequenos passos, de "lento crescimento" por meio de uma contínua pressão institucional, de progresso contínuo e linear do fluxo produtivo, tratando-se em suma de uma tomada de posição que não se confundia com a desordem, a violência revolucionária e a insurreição armada, não era uma "traição", mas a expressão política da posição do operário-técnico qualificado na produção. [...] Vice-versa, a história

daquela que quantitativamente constituía a maioria da classe operária de então, a história das suas condições de exploração e das suas formas de luta, está ainda para ser escrita. Não que faltem materiais de arquivo ou investigações específicas com base nas quais seria possível reconstruir as lutas frequentemente violentas desses setores e dessas regiões nas quais o operário profissional, não só do ponto de vista político, mas também do da composição social do operário coletivo, representava um fenômeno marginal, sem influência ou de qualquer forma limitado à função de suboficial da produção. Antes de mais nada, essa lacuna depende da continuidade de uma historiografia do movimento operário voltada para o passado e definida no período que vai de Bebel à Liga Espartaquista e ao KPD, e que, depois do debate sobre a greve geral de 1904-1905 – e, mesmo nesse caso, de maneira fragmentária e impulsionada pela extrema esquerda reunida em torno de Pannekoek e Luxemburgo –, não era mais capaz de refletir sobre a composição e as formas de luta da classe que representava.[129]

No cenário das lutas operárias após a Primeira Guerra, esse binômio se manifesta propriamente no atrito entre a ultraesquerda e o movimento operário oficial, no qual se inseriram a pleno título tanto os sociais-democratas independentes quanto o partido comunista reconhecido pela Terceira Internacional. Contradizendo abertamente a tese sobre a ligação inequívoca e preeminente entre a parábola revolucionária conselhista e os setores da "aristocracia operária", Roth frisa que os expoentes do *Linkskommunismus* eram os únicos a compreender os mecanismos de captura que, por um lado, atingiam os sindicatos, que assumiam um papel disciplinar

---

[129] K. H. ROTH. *Op. cit.*, pp. 29-30.

fundamental dentro e fora das fábricas e, por outro lado, as controvérsias sobre o controle operário baseadas no uso reformista da "forma conselho".

Nessa conjuntura, a divisão entre os dois movimentos operários se refletiria nas duas fases sucessivas do ciclo político entre 1919 e 1921: em outras palavras, a primeira onda de lutas, que se concluiu com a repressão da tentativa insurrecional berlinense de janeiro de 1919, na qual morreram Rosa Luxemburgo e Karl Liebknecht, estaria ligada ao formalismo conselhista dos setores técnicos da classe operária e às suas reivindicações de autonomia econômica, enquanto as posteriores repúblicas conselhistas, os conflitos e as convulsões que abalaram toda a Alemanha central, do Exército Vermelho do Ruhr até a ação de março, veria as massas trabalhadoras em sentido amplo entrar em ação, com pleno protagonismo do KAPD e da AAUD. O "outro movimento operário" assumiu quando o primeiro falhou, com uma onda de sabotagens, greves selvagens, ataques militares e revoltas. Nessa segunda fase das lutas sociais do primeiro pós-guerra, milhares de operários abandonaram os sindicatos, se organizaram nas "uniões", mas sobretudo relacionaram abertamente, nos objetivos de sua batalha, as tentativas de auto-organização ao problema de construir um contrapoder armado capaz de impedir a contrarrevolução já existente, demonstrando, segundo Roth, terem compreendido plenamente o que estava em jogo no confronto em curso. Essa linha, determinada por uma nova "vanguarda de classe" de que a ultraesquerda seria o principal órgão e referência ideológica, teria surgido por meio de um balanço crítico relativo aos limites e ao fracasso do movimento conselhista:[130]

[130] Em substância, a palavra "conselho", se explorarmos os materiais e a

Um motivo muito mais importante e até agora amplamente negligenciado reside, ao que me parece, no fato de que a autonomia conselhista do operário técnico-profissional realmente controlava a luta operária durante a primeira fase do pós-guerra, mas na época de sua derrota violenta, foram as próprias massas operárias não qualificadas que entraram em ação. Para elas, depois da espetacular derrocada ocorrida no centro do operariado qualificado, sobretudo em Berlim, o movimento conselhista enquanto motor da transformação revolucionária, com cujos objetivos eles tinham em todo caso muito pouco em comum, estava morto. [...] Trata-se agora de novos tons: no centro está o tema da relação entre os conselhos e o poder político. Os conselhos não a resolveram. Portanto, é necessário criar e desenvolver sobre novas bases o problema da relação entre composição de classe e organização em face da contrarrevolução em curso.[131]

---

literatura primária da ultraesquerda alemã do período, é usada em dois sentidos: o órgão de participação econômica, ou seja, a comissão de decisão presente nos locais de trabalho que a social-democracia tinha legalizado, e o núcleo de contrapoder político da classe explorada, no sentido de *soviet*. O sistema dos conselhos, no segundo sentido, foi antecipado pelo instrumento imediato das "Uniões", que se inspira no exemplo dos IWW e das suas *Unions*. Para reafirmar a influência fundamental da organização estadunidense sobre o KAPD, também por meio do fenômeno em grande parte não estudado das migrações de militantes, é importante a seguinte nota, que Karl Heinz Roth diz ter tirado de uma comunicação pessoal de Sergio Bologna e que assim também testemunha um confronto entre os dois autores: "A história da emigração operária ainda não foi escrita. Muitas coisas levam a pensar que membros da AAU e do KAPD tenham emigrado para os EUA e se juntado aos IWW. Seria muito importante estudar mais exatamente a emigração política operária nos anos [19]20 que, ademais, não foi um fenômeno apenas alemão (cf. a onda de emigrações na Itália no início dos anos [19]20)", K. H. ROTH. *Op. cit.*, p. 68, nota 161.

[131] *Ivi*. pp. 62-63.

O entrelaçamento dessas problemáticas que acabamos de abordar se liga ao trabalho de elucidação teórica conduzido por Jacques Camatte entre os anos 1960 e 1970 no interior de outra grande corrente histórica da dissidência comunista, a assim chamada "esquerda italiana" reunida em torno de Amadeo Bordiga, que também confluiu para o código genético da "crítica radical". É sem dúvida significativo que um dos textos fundamentais escritos por Camatte nessa fase decisiva de sua evolução teorética, que o levou a se afastar dos seus pressupostos doutrinários de origem, tenha a ver exatamente com um balanço da experiência revolucionária alemã e com as posições do KAPD.[132] Ao enfrentar os nós da "teoria do proletariado", da relação entre a materialidade das condições de classe e a expansão do domínio capitalista, mas também se interrogando sobre a atualidade e a função da "forma partido"[133] no desenvolvimento de uma perspectiva revolucionária, Camatte se viu redescobrindo a história do KAPD na sua riqueza de contradições e ambiguidades. Por meio de uma avaliação crítica das aporias ideológicas de tal corrente, mas também de sua posição antecipatória no ponto de máxima tensão da história do movimento operário, Camatte identificou na ultraesquerda alemã o reflexo da principal antinomia que não cessa de invalidar a esquerda revolucionária, com especial referência aos grupos e às posições dos anos 1960 e 1970. Esses não seriam mais do que a reedição do mesmo campo de tensões não resolvidas que, no entanto, nesse meio-tempo, atingiram o ponto de saturação, tornando-se assim historicamente resolúveis e à altura

---

[132] J. CAMATTE. *Il KAPD e il movimento proletario, cit.*

[133] J. CAMATTE. Origine e funzione della forma partito. In: *Verso la comunità umana, cit.*, pp. 43-102.

do presente. Nessa situação, as contradições que se manifestaram embrionariamente na crise da experiência alemã atingiram o seu ápice, levando ao colapso a hipótese revolucionária e, com ela, o marxismo: "O estudo aprofundado das posições de Marx em relação ao devir atual mostra que aquilo que ele postulava como comunismo, o famoso e superior novo modo de produção, foi realizado pelo capital: aí está o impasse do qual precisamos sair."[134]

A recusa de ver na classe o "capital variável" – ou seja, a força social do mundo capitalista – e a sua mitificação contemporânea como recurso exclusivo de transformação revolucionária são o pecado original, a duplicidade fundamental que, do conselhismo alemão chega à Internacional Situacionista e ao Potere Operaio.[135] Apenas explorando, a partir desses exemplos, o nexo entre revolução e contrarrevolução como dinâmica englobante de restauração do capital, vendo nela a relação de dependência entre a sociedade do capital e a força proletária, se poderá lançar as bases para uma teoria da transformação adaptada ao domínio real do capitalismo, à sua completa "comunidade material". Se a dinâmica do desenvolvimento das forças produtivas é dúplice, se a revolução e a sua dialética alimentam a contrarrevolução, para Camatte é cada vez mais necessário imaginar uma ideia de reversão que seja antes de tudo secessão, abandono, passagem para um novo terreno:

---

[134] J. CAMATTE. Tesi provvisorie. In: *Comunità e divenire*. Bolonha: Gemeinwesen, 2000, pp. 1-19, p. 3.

[135] N.d.T.: O Potere Operaio foi um grupo da esquerda radical italiana ativo entre 1967 e 1973, largamente influenciado pelo operaísmo italiano. Teve como um de seus principais membros o filósofo e professor Antonio Negri.

A análise do domínio real do capital sobre a sociedade mostra que ele ultrapassou os próprios limites, efetuando a sua fuga e realizando a sua plena antropomorfose. Diante desse devir do capital – que implica uma subordinação total do proletariado – deduzimos o fim do processo da revolução e a necessidade de abandonar este mundo. Lutar contra o capital acaba sempre por revigorá-lo.[136]

Considerando que as lutas de classe e as revoluções, das insurreições conselhistas até o Maio de 68, representaram o período de oposição ao despotismo capitalista na sua "fase intermediária", agora, com a sua plena "antropomorfose", a regeneração comunitária da espécie deveria enveredar por novos caminhos de autonomia que, em outro nível, retomem a herança dessas tradições esquecidas, com os seus problemas não resolvidos, precipitando-as no campo do presente.

O movimento proletário entre revolução e contrarrevolução na análise de Jacques Camatte

Desde a sua juventude, Jacques Camatte se aproximou das teses da "esquerda comunista italiana" por meio do encontro com o pensamento e a figura de Amadeo Bordiga. Como conta em um breve texto de reflexão autobiográfica, *Dialogando com a vida*, Camatte conheceu as posições bordiguistas quando ainda era estudante de nível médio no Liceu de Marselha, em 1953, tendo se deparado com alguns restritos círculos de estudo alimentados, entre a França e a Bélgica, pela emigração de muitos militantes italianos durante o período fascista. Como o amigo Roger Dangeville, tradutor

---

[136] *Ivi.* p. II; sobre o mesmo tema, cf. também "La rivoluzione integra". In: *Comunità e divenire, cit.*, pp. 21-25.

para o francês de vários inéditos marxianos, entre os quais o capítulo sexto de *O capital*, Camatte abraçou a doutrina da "esquerda italiana" e aderiu à sua principal concreção organizativa: o Partido Comunista Internacional. Essa sigla correspondia a uma densa rede de grupos e células minúsculas disseminadas em diversos países do mundo, dedicadas a uma incansável atividade teórico-publicista e reunidas em torno da direção do próprio Bordiga.

Um desses núcleos estava exatamente em Marselha, animado sobretudo pela personalidade da militante internacionalista Suzanne Voute, que a partir de 1957 se transferiu de Paris para o sul da França com o objetivo de assumir um papel de guia ideológica do grupo e dirigir seu órgão oficial, a revista *Programme Communiste* (*Programa Comunista*). Camatte foi profundamente influenciado por esse clima, mas também começou desde cedo a desenvolver a sua própria elaboração original, colaborando com Dangeville, que conheceu durante uma reunião internacional em Cosenza em 1956. O longo processo de desenvolvimento crítico da tendência bordiguista culminou, em 1966, em uma das múltiplas cisões que constelam a história da corrente. Os pontos centrais da polêmica de que se originou a fratura, à qual se segue a saída da primeira série da revista *Invariance* (*Invariância*),[137] iniciada em 1968, dizem respeito à concepção do partido em sua relação com o movimento de libertação global da espécie, e se inserem no sulco de uma análise plurianual, conduzida por Camatte,

---

[137] N.d.T.: Boa parte da obra de Camatte, praticamente desconhecida no Brasil e de uma atualidade impressionante, estando mais próxima do anarquismo do que do marxismo ortodoxo, pode ser lida em francês no site dedicado à sua herética revista: https://revueinvariance.pagesperso-orange.fr/index.html

sobre os temas do "partido histórico", do movimento operário e da comunidade humana:

> Nos seus primórdios (a partir de 1968), *Invariance* foi produzida por elementos provenientes da esquerda comunista italiana, corrente ligada a Bordiga (Partido Comunista Internacional). Dessa forma, ela se liga a um filão bem determinado do movimento proletário, que ela não renega, mas localiza no arco histórico que a humanidade atravessou desde a origem do fenômeno do capital até os nossos dias. O movimento proletário foi a última oposição importante contra a domesticação que por fim se produziu com a instauração da comunidade capitalista.[138]

Uma etapa fundamental dessa sequência é o texto de 1961, escrito junto com Dangeville, sobre a "Origem e função da forma partido", destinado ao debate interno e publicado por desejo de Bordiga. Nas páginas de sua contribuição, Camatte traça uma acurada reconstrução da dupla acepção em que a categoria do partido se desdobra no desenvolvimento do movimento comunista: como "partido histórico", ou seja, como aquela persistência invariável das constantes e dos princípios que definem de uma vez por todas o valor e a verdade do programa revolucionário, entendido ora como enunciado na teoria do materialismo histórico de Marx, ora como tendência subterrânea para reestabelecer a unidade orgânica da *Gemeinwesen*, da comunidade humana não separada que o desenvolvimento capitalista desagregou; mas também como "partido formal", ou seja, uma aglutinação organizativa temporária assumida pela classe proletária nos momentos mais agudos do conflito social, que se põe de modo efêmero nos

---

[138] J. CAMATTE. *Comunità e divenire*, cit., p. 266.

breves ciclos em que se avizinha uma possibilidade revolucionária, mas que deve em seguida se dissolver, sob pena de se fossilizar na estrutura burocrática de um *racket*,[139, 140] como escreve frequentemente Camatte.

Assim, o "partido histórico", definido também como "partido integral", é tanto um "partido-programa" ou "partido-teoria", que se destaca acima de todas as conjunturas e expedientes táticos da ação política, quanto um fio supra-histórico que atravessa as épocas, inscrito na experiência biológica da espécie humana, ligando a totalidade originária do comunismo primitivo, anterior à divisão da unidade imediata entre homem e natureza, ao horizonte do comunismo futuro, que reinstaurará tal unidade, enriquecendo-a com todas as mediações do desenvolvimento subsequente. Trata-se então de um "partido-comunidade", expressão da insuperável tendência para a *Gemeinwesen*. A complexa dialética entre esses dois polos de concepção do partido no pensamento de Bordiga e Camatte deveria resultar em sua conglobação, ou melhor, na plena coincidência sem resíduos entre o ser histórico da classe proletária e o programa comunista. Em outras palavras, parafraseando o léxico visionário de Bordiga, o programa comunista seria a única força que funda a certeza das próprias verdades teóricas em um acontecimento futuro, agindo como se ele já tivesse ocorrido:

[139] N.d.T.: O termo inglês "*racket*" refere-se aqui a gangues ou grupos que praticam o crime organizado. Bordiga já usava a noção de *racket* para criticar a burocracia como nova classe dominante. Há ecos desse uso da palavra no artigo "Gangland et philosophie" de Attila Kotányi, publicado em 1960 no quarto número da revista *Internationale Situationniste*.

[140] A temática do *racket* como tendência implícita em todas as formações organizativas do domínio total do capitalismo é introduzida no ensaio, escrito com G. COLLU. Sull'organizzazione. In: J. CAMATTE. *Il capitale totale*, cit., pp. 403-410.

Portanto, era fundamental o movimento de destruição do capital, que tornava possível outra sociedade. O imediato não era determinante, e sim algo dificilmente perceptível, sobretudo em uma fase de recuo. Daí as suas afirmações sobre a necessidade de fundar a ação em um evento futuro, sobre a invariabilidade da história e a sua caracterização de Marx como aquele que passou a vida descrevendo a sociedade comunista. Ao final, esse modo de agir não poderia senão conduzir à concepção do partido-comunidade. Assim, Bordiga não tinha necessidade de se ligar a uma comunidade: fazia parte de uma comunidade não imediata, definida não apenas por um agrupamento de homens e mulheres em luta por certo objetivo. A comunidade de Bordiga postulava sua existência, mas não era por ela estritamente condicionada, já que agrupava os vivos, os mortos e os nascituros![141]

Ademais, uma preciosa referência na redação do texto, como o próprio Camatte frisa em um posfácio de 1974,[142] é a análise desenvolvida por Maximilien Rubel em *Remarques sur le concept de parti prolétarien chez Marx* (*Notas sobre o conceito de partido proletário em Marx*),[143] também de 1961. Camatte

---

[141] J. CAMATTE. A proposito della questione Sartre: il significato dell'essere. In: *Comunità e divenire, cit.*, pp. 113-119, p. 115.

[142] J. CAMATTE. Postface gennaio 1974: Dal partito-comunità alla comunità umana. In: *Verso la comunità umana, cit.*, pp. 83-102.

[143] M. RUBEL. Il partito proletário. In: M. RUBEL, *Marx critico del marxismo*. Bolonha: Cappelli, [1961]1981, pp. 279-290. Em uma entrevista de 2019, Camatte se recorda de ter entrado em contato com Rubel por meio de Roger Dangeville, que desenvolvia para ele um trabalho de "secretário", ou seja, realizava algumas traduções complementares ao seu trabalho de pesquisa sobre a obra marxiana que, sendo enorme, ele não podia fazer sozinho. A entrevista está disponível no seguinte endereço: https://cerclemarx.com/entretien-2019/. (Acesso em: 1º ago. 2020.) As referências bibliográficas de Marx sobre a questão do partido – por exemplo, na cor-

se inspira nesse ensaio para recapitular as várias acepções e os deslocamentos de sentido que o conceito de partido assume na obra marxiana, dedicando especial atenção aos textos de intervenção política direta. Especificamente, Camatte evidência, nos moldes de Rubel, como Marx sublinha várias vezes o caráter extemporâneo e transitório do partido como grupo organizado de indivíduos, seja clandestino ou público. Depois do estágio das "seitas" e das sociedades secretas, dos fourieristas e icarianos até os owenistas, que proliferaram no período contrarrevolucionário posterior a 1815, passando pela fundação da Liga dos Comunistas em 1847 e da Associação Internacional dos Trabalhadores em 1864, Marx apoiou todas as experiências de associação política e de constituição como "partido formal" efetivadas pelas classes exploradas e pelo movimento proletário. Desse modo, o proletariado deve, além de lutar pelo melhoramento das próprias condições econômicas de existência, fundar um partido político distinto capaz de se opor às forças representativas das classes proprietárias.

Contudo, é importante assinalar que mesmo essa variação da ideia de partido em sentido mais estrito, de formação política estruturada e autônoma, assume em Marx uma declinação particular, reconhecível nas páginas do *Manifesto* e destacada por Rubel. O modelo de "partido operário" contemplado por Marx segue, de fato, a tipologia de todos os outros partidos presentes no regime liberal, útil para as batalhas transitórias de tipo democrático, para a obtenção do sufrágio universal e das conquistas políticas burguesas, mas substancialmente estranho à espontaneidade do movimento real das classes exploradas nas suas ações revolucionárias.

respondência pessoal com Freiligrath – foram sugeridas a Camatte pela leitura de Rubel que, como confirma na citada entrevista, lhe possibilitou escrever *Origem e função da forma partido*.

Nesse sentido, a consideração de Marx e Engels do fenômeno do cartismo demonstra quanto os dois autores privilegiavam os processos de autonomia e de autoemancipação operária, ainda que baseados em posições de reivindicação intermediárias e defensivas se comparadas com todas as correntes ideológicas, doutrinárias e autorreferenciais do socialismo da época:

> À luz desses esclarecimentos teóricos, pode-se compreender a atitude constantemente crítica de Marx ao confrontar a própria atividade política e aquela dos partidos operários, e também a sua preferência, continuamente sublinhada, pelos movimentos espontâneos da classe operária em detrimento das táticas e programas dos partidos operários. O axioma enunciado nos estatutos da Primeira Internacional é inequívoco: "A emancipação da classe trabalhadora só pode ser obra dos próprios trabalhadores". É a mesma razão pela qual, a partir de 1847, na sua polêmica contra Proudhon, Marx destaca a importância das *trade unions*, cuja luta era acompanhada pelas lutas políticas dos trabalhadores "que agora constituíram um grande partido político sob o nome de cartistas".[144]

Dessa feita, o "partido comunista" a que Marx se refere e que frequentemente chama de "nosso partido", não se resume a nenhum dos "partidos operários" existentes, mas é transversal e independente em relação a todas as frações (partidos, ligas e sindicatos) do movimento operário. Se a perspectiva revolucionária se põe para Marx, e para Rubel, na encruzilhada entre uma dinâmica espontânea de desenvolvimento necessário das forças produtivas da sociedade moderna, legível cientificamente por meio das lentes do materialismo histórico, e a

---

[144] *Ivi*. p. 282.

tensão ética para abreviar as "dores do parto" de tal convulsão, os comunistas são uma minoria consciente cuja tarefa é difundir os instrumentos teóricos de compreensão do processo revolucionário e assim acelerar sua conclusão, sem de modo algum substituir a autoemancipação dos explorados:

> Do esquema dessa teoria política pode-se deduzir em Marx uma dupla concepção do partido proletário, cujos dois sentidos nunca são explicitamente delimitados, já que é difícil dissociar o teórico do homem de partido. Todavia, nos parece justificada a distinção, na concepção marxiana de partido proletário, entre, por um lado, o conceito *sociológico* do partido operário e, por outro lado, o conceito ético do partido comunista. O primeiro se aplica a uma organização que, fazendo parte da sociedade burguesa, depende das condições gerais de tal sociedade: o partido operário permanece na sua estrutura (e em contradição com seu programa) como um partido de perfil "burguês" cujos dirigentes aprenderam bem rápido as regras do jogo político. A função (burguesa) cria o órgão (burguês). Quanto ao conceito ético do partido proletário, este deriva da definição que Marx dá dos comunistas, que é ao mesmo tempo um postulado e uma profissão de fé ao invés de uma observação empírica: "Por um lado, nas diversas lutas nacionais dos proletários, eles antepõem e fazem valer os interesses comuns de todo o proletariado, sem qualquer consideração de nacionalidade, por outro lado, nas diversas fases da luta entre o proletariado e a burguesia, eles sempre representam o interesse do movimento como um todo". Assim, o seu papel não é político no sentido tradicional do termo: eles não formam uma organização particular que obedece a regras e estatutos estabelecidos formalmente; deduzem a teoria do movimento

sem inventar sistemas, dado que a sua autoridade, puramente moral, se funda nas obras do espírito.[145]

Todavia, nas fases de contrarrevolução, de "recuo" das lutas de classe, como aquela entre 1852 – quando foi dissolvida, por vontade de Marx, a Liga dos Comunistas – e a fundação da Primeira Internacional, Marx se retira de toda forma de agregação e recusa as solicitações para vivificar as passadas.[146] E justifica tal escolha, por exemplo, em sua correspondência

[145] *Ivi*. pp. 286-287.

[146] Como exemplo, na resposta à Associação Comunista de Nova York, como Marx se lembra na correspondência pessoal com Freiligrath, relatada por Camatte e Rubel, ele recusa o insistente convite para refundar a Liga dos Comunistas. Rubel cita essa correspondência tanto no ensaio já citado quando no artigo "Karl Marx e o primeiro partido operário", publicado no nº 13 da revista *Masses (socialisme et liberté)* (*Massas [socialismo e liberdade]*), de 1948, disponível em italiano no seguinte endereço: http://latradizionelibertaria.over--blog.it/2016/09/marxismo-libertario-maximilien-rubel-karl-marx-et-le--premier-parti-ouvrier-da-masses-socialisme-et-liberte-n-13-febbraio-1948.html (Acesso em: 4 ago. 2020.) Em ambos os artigos de Rubel, evidencia-se a importância da explicação de Marx, que justifica o uso que faz da categoria partido, ainda que há oito anos, confessa, não faça parte de nenhuma organização, tenha desejado a dissolução da Liga e entenda que o seu trabalho de elaboração teórica seria prioritário em relação a qualquer ativismo. Com efeito, e exatamente nessas linhas que Marx especifica a diferença entre o partido em sentido "efêmero", que para ele, naquele momento, em 1860, não existia, e o "nosso partido", na acepção "eminentemente histórica". É interessante notar como Rubel utiliza, para explicar essa visão marxiana, o estilema "partido invisível do saber real", antecipando duas recorrências dessa expressão: a primeira é de Romano Alquati, que fala de uma "organização invisível" em um artigo de *Classe Operária* de janeiro de 1964, intitulado "Luta à Fiat", para se referir às redes operárias informais de preparação das greves selvagens e das sabotagens nas fábricas de Turim. O artigo foi depois republicado na coletânea R. ALQUATI. *Sulla fiat e altri scritti*. Milão: Feltrinelli, 1975, pp. 185-197; depois há a hipótese mais geral do "partido invisível de Mirafiori", presente nas lutas autônomas dos anos 1970 na Itália e em relação às quais, por seu turno, o Comitê Invisível denunciou os recalcamentos presentes nas reconstruções retóricas do período, na introdução italiana dos seus escritos.

pessoal com Ferdinand Freiligrath, citada várias vezes por Camatte, sustentando que todas as associações políticas de luta, relativas às fases de agudização do confronto de classes, são apenas um episódio circunstancial do partido como movimento espontâneo que nasce do "solo da sociedade moderna", o partido na sua "grande acepção histórica" que se alimenta da mesma dinâmica de desenvolvimento da dominação capitalista, como seu natural polo negativo. Portanto, o "partido histórico" é o ser da classe onde quer que ela se manifeste como tendência à comunidade humana e não apenas como mero "capital variável" ou referência de classificação sociológica: tal ser, negado nas conjunturas contrarrevolucionárias, sobrevive na invariabilidade do programa, custodiado na sua continuidade por militantes que perpetuam o seu "cisma" em relação ao mundo existente. Desaparece e ressurge segundo a sucessão das fases do desenvolvimento capitalista e da luta contra ele. O conceito de "cisma" acima evocado também desempenha um papel fundamental no pensamento de Bordiga, justamente em relação ao problema do partido. De fato, ele é, antes de tudo, entendido como prefiguração da sociedade comunista.

Segundo Camatte, o fato de Bordiga conceber o partido como comunidade não imediata que atravessa as épocas, como antecipação, imagem encarnada das relações humanas comunistas e abandono do mundo existente, com o seu colocar-se à distância mediante o exemplo e a invariabilidade dos princípios, garante que a sua visão possa sobreviver à "teoria do proletariado" e a sua variante classista do projeto revolucionário. Se os processos de capitalização do mundo vão além da configuração dialética e antagonista sobre a qual se fundava a linguagem do marxismo, chegando a uma integração da classe proletária mediante o consumo e a uma superação das representações burguesas, a natureza ética do "cisma" ínsito às "paixões do comunismo", como aspiração fundamental à comunidade humana, preludia em Bordiga uma descontinuidade irrevogável e uma mudança de terreno da qual a maior parte das correntes anticapitalistas teriam se mostrado incapazes.

De acordo com Camatte, estão presentes no pensamento de Bordiga todos os elementos que, levados às suas consequências extremas, permitem uma ruptura com os limites da temática classista, com aquele terreno que uniria o mundo capitalista, construído sobre os fundamentos da propriedade e das forças produtivas, aos horizontes do socialismo do século XX. Consequentemente, o limite do movimento operário e dos programas revolucionários clássicos estaria em não ter desenvolvido plenamente as implicações de tal ruptura, permanecendo, portanto, no campo da civilização capitalista, assumindo os seus paradigmas científicos, a sua visão da natureza e do progresso histórico. Ao contrário, para que uma crítica revolucionária seja incisiva, é preciso chegar a um ponto suficientemente originário e "radical" para apreender o processo de capitalização no seu conjunto e abandoná-lo.[147] Nesse sentido, retomando uma expressão de Bordiga, os representantes oficiais do movimento operário não seriam nada mais do que "abjuradores de cismas",[148]

[147] Um texto fundamental para compreender a evolução de Camatte e a revista *Invariance*, remontando a 1974, é "Este mundo que é preciso abandonar", publicado na segunda série da revista e depois em J. CAMATTE. *Verso la comunità umana cit.*, pp. 403-430.

[148] A. BORDIGA.*Tempo di abiuratori di scismi*, "Il Programma Comunista", n. 22, 20 de dezembro de 1965. Ademais, Camatte evidencia como, no período entre as duas guerras, tenha sido justamente a incapacidade do movimento proletário de tematizar a pulsão comunitária, sobretudo na Alemanha onde ela era forte, que alimentou a sua politização substitutiva

incapazes de desenvolver uma nova dinâmica estranha aos pressupostos antropológicos e analíticos que estruturam o presente como culminação do ciclo histórico marcado pela autonomização do valor:

> Caso se deva buscar uma causa subjetiva para o fracasso na realização do projeto proletário, pode-se encontrá-la no fato de que os revolucionários não aprofundaram o cisma. Permaneceram por tempo demais no terreno de seu adversário. Não desenvolveram o bastante uma outra dinâmica que não pedisse em empréstimo nada ou quase nada ao iluminismo, à ciência, à produtividade, etc. E isso seria tanto mais necessário quanto eles deveriam, de qualquer maneira, fazer desaparecer um inteiro desenvolvimento histórico.[149]

Para reconectar esse tipo de argumento à história do KAPD e da ultraesquerda, é preciso retomar a análise que Camatte dedica, no que diz respeito à problemática da identidade de classe, ao ciclo das tentativas revolucionárias ocorridas na Alemanha entre 1918 e 1923. O texto "O KAPD e o movimento proletário", em particular, tenta atualizar o significado dessa experiência na conjuntura do movimento revolucionário do

---

pela direita, com o tema do socialismo nacional cultivado pela "revolução conservadora" e, é claro, pelo fascismo. Segundo Camatte, tal fenômeno seria particularmente evidente na Alemanha, onde a aspiração comunitária se exprime de modo bastante forte e de várias formas, indo do anarquismo messiânico de Landauer até Benjamin e passando por todas as versões reacionárias. Não é por acaso que, entre as referências bibliográficas, Camatte cite o trabalho de LÖWY. *Redenzione e utopia*. Turim: Bollati Boringhieri, [1988]1992. O artigo no qual Camatte desenvolve essa reflexão é "Epílogo ao Manifesto do Partido Comunista *de* 1848 (1992)", em *Comunità e divenire, cit.*, pp. 195-264.

[149] J. CAMATTE. Dialogato con Bordiga. In: J. CAMATTE. *Comunità e divenire*, 1988, *cit.*, pp. 154-165, p. 160.

início dos anos 1970, com referências tanto à situação francesa quanto à italiana. De fato, na complexidade da questão revolucionária alemã seriam legíveis, em filigrana, as potencialidades e aporias dos grupos subversivos mais radicais que posteriormente se desenvolveram. A visão da crítica revolucionária como "racionalidade dialética" interna às relações sociais capitalistas e centrada na subjetividade de classe, que mais tarde mostra integralmente as suas contradições insolúveis, estaria já plenamente inscrita nos traços dessa sequência:

> O movimento operário alemão do século XX – com exceção do partido comunista oficial pró-soviético – teve a peculiaridade de ser caluniado sem ser conhecido, exaltado ainda que frequentemente incompreendido. No entanto, conhecê-lo e analisá-lo de maneira correta é essencial para compreender a história deste século e conseguir individuar as características fundamentais do novo movimento proletário internacional que começa a se manifestar nestes últimos anos.[150]

Para além da contribuição de Camatte, uma leitura similar é sustentada no importante texto de 1973 de outro colaborador de *Invariance*, o dinamarquês Carsten Juhl, intitulado "A revolução alemã e o espectro do proletariado".[151]

[150] J. CAMATTE. *Il Kapd e il movimento proletario, cit.*, p. 240.

[151] C. JUHL. *La rivoluzione tedesca e lo spettro del proletariato*, Roma, Edizioni Gemeinwesen, [1973]1991. O texto foi publicado originalmente em italiano como introdução a H. GORTHER. *L'internazionale comunista operaia*. Caserta: Edizioni Gdc, 1974, pp. 3-13, sendo depois traduzido para o francês para *Invariance*, no mesmo ano. Está disponível no seguinte endereço: illatocattivo.blogspot.com/2012/11/la-rivoluzione-tedesca-e-lo--spettro-del.html. Acesso em: 03 out. 2020. Em 1967 ocorreu a ruptura do Partido Comunista Internacional com o grupo de Camatte e Dangeville, que se originou do contraste entre o grupo de Marselha e o de Paris. Em relação a este último, Camatte acusa a tendência de Suzanne Voute

Camatte pretende explicitamente traçar um paralelismo entre as posições do movimento conselhista alemão e a situação do "movimento proletário" de seu tempo, mas, para introduzir os termos do exame, ele desenvolve uma acurada retomada histórica que percorre a evolução do KAPD segundo alguns eixos temáticos particularmente explicativos: a ruptura com a prática do parlamentarismo que tinha marcado a tradição social-democrática alemã e foi herdada pela linha leninista; a rejeição da relação com os sindicatos enquanto instrumentos de integração ao sistema capitalista;[152] a

---

de compromisso "neotrotskista" em direção a um ativismo irreflexivo, ao mesmo tempo que, por outro lado, Camatte é acusado de absolutizar a imagem do "partido-teoria" em detrimento dos problemas globais de organização revolucionária. Além disso, a história da seção dinamarquesa desenrolou-se em 1972 justamente em torno das teses sobre o movimento conselhista alemão e o debate sobre o KAPD, sempre desaprovado por Bordiga e por toda a corrente. Nessa conjuntura, o debate histórico e estratégico sobre as "Uniões" operárias e a ultraesquerda atravessa uma laceração interna, antes de tudo italiana, em torno dos problemas da política sindical: a posição intervencionista nos sindicatos de massa que prevalece na seção italiana, já muito combatida, torna-se ainda mais paradoxal para os jovens militantes dinamarqueses, que se confrontam com a realidade do norte da Europa, com estruturas sindicais ainda mais integradas ao aparato de Estado. Com base em tais temas ocorreu a cisão, que levou Carsten ao encontro da experiência de *Invariance*. Sobre as razões da ruptura dos dinamarqueses, os pontos de convergência que aproximam Carsten e Camatte e a importância da interpretação da experiência alemã nesse debate, cf. S. SAGGIORO. *In attesa della grande crisi*. Milão: Colibrì, 2010.

[152] Todavia, Camatte sublinha, com acurada atenção aos detalhes de reconstrução histórica, a exceção dos sindicalistas revolucionários do FAUD (Freie Arbeiter Union Deutschlands, isto é, Sindicato Livre dos Trabalhadores da Alemanha), de inspiração anarquista, que sempre mantiveram uma relação de proximidade com a tendência da ultraesquerda alemã. Um conhecido expoente desse sindicato foi o intelectual e militante anarquista Rudolf Rocker, que de fato contribuiu para a elaboração fundamental de seu arcabouço teórico. Desse autor, cf.: R. ROCKER. *Anarcho-syndicalism: theory and practice*. Londres: AK Press, [1938]2004; *Nazionalismo*

leitura dos eventos russos em outubro de 1917 primeiro como "dupla revolução", ainda não puramente comunista, e mais tarde como revolução integralmente burguesa; por fim, e se trata de algo primário na ordem de importância, uma concepção particular da classe proletária e da função do "partido" que deve alimentar as lutas.

As posições que Camatte considera centrais para a formação do KAPD se relacionam sobretudo com a sua convicção de que a incipiente crise da ordem capitalista fosse mortal e decisiva. Apesar da rápida derrota do proletariado alemão em janeiro de 1919, com o sufocamento da insurreição espartaquista na qual Rosa Luxemburgo e Karl Liebknecht foram mortos, as condições objetivas para uma transformação revolucionária estariam todas reunidas, faltando apenas aquelas subjetivas, ou seja, principalmente um novo tipo de organização dos explorados a partir dos lugares de produção. Consequentemente, ao antiparlamentarismo e ao antissindicalismo do KAPD se soma a ideia de que os locais de trabalho são os únicos bastiões nos quais a classe operária pode se subtrair à influência corruptora da ideologia burguesa e de seus mecanismos de integração e captura, colocando-se, em vez disso, no plano em que a materialidade dos antagonismos aparece de forma mais clara. Daí a importância, ao lado dos conselhos e das organização de fábrica, da ação exemplar enquanto tarefa do partido e veículo de consciência:

> Em primeiro lugar, é necessário organizar o proletariado diretamente no local de produção, a fábrica, a fim de lutar contra o novo oportunismo que consiste na utilização das instituições econômicas no quadro do capitalismo. Ao invés

e cultura. Nápoles: Edizioni Scientifiche Italiane, [1936]1960; e *Contro la corrente*. Milão: Eleuthera, 2018.

de se deixar reabsorver pela democracia burguesa, deve-se antes dar vida a ações exemplares que possam constituir o ponto de partida para a reforma da consciência de classe, já que o problema essencial da revolução na Alemanha é o desenvolvimento da consciência de classe do proletariado (daí o apoio concedido à ação de março).[153]

Nas implicações dessa fórmula organizativa estão os pontos dirimentes que tornam o caso da ultraesquerda alemã uma prefiguração exemplar das perspectivas do anticapitalismo contemporâneo e de seus escolhos: antes de tudo, a pretensão de reunificar a classe, englobando o componente produtivo e enquadrado no trabalho de fábrica com aquele excedente, expulso do processo laborativo e condenado à desocupação; além disso, há uma tensão contraditória entre as duas polaridades da negação do trabalho assalariado: de um lado, a condição proletária em sua imediatez, e de outro, a valorização, quando não a exaltação, dos locais produtivos como campos privilegiados do conflito. O comunismo conselhista alemão está dilacerado pela divisão entre uma violenta recusa das condições de compromisso e de integração à sociedade burguesa na qual a classe operária está enredada, ao menos na sua existência imediata, e a ideia de que a consciência pode levá-la a superar tais contradições. O ponto de vista que deve favorecer o desenvolvimento dessa consciência revolucionária permanece, todavia, eternamente na periferia do "ser" real da classe, que irremediavelmente continua sendo objeto do capital, parte integrante da sua lógica de desenvolvimento.

---

[153] J. CAMATTE. *Il Kapd e il movimento proletario*, p. 249.

Otto Rühle, que em 1924 escreveu *Da revolução burguesa à revolução proletária*,[154] parece ter se dado conta mais do que ninguém dessa contradição: precisamente a partir de uma rejeição radical da vanguarda e do partido enquanto aparatos externos à classe, aos quais contrapõe a autonomia conselhista dos produtores como única base possível da revolução. Rühle é levado a admitir que essa autonomia garante muito pouco diante da ameaça de se ceder às mediações do reformismo. O cerne dessa antinomia, que segundo Camatte ainda parecia não estar resolvida nos agrupamentos da esquerda revolucionária entre os anos 1960 e 1970, do Potere Operaio à Gauche Proletarienne,[155] consiste mais uma vez na desconsideração da realidade fática da classe proletária como motor do desenvolvimento capitalista e da sua expansão, que se alimentaria justamente da participação "gestional" e reivindicativa dos explorados.

De fato, na passagem para o "domínio real" do capitalismo sobre a sociedade, a generalização do proletariado por meio do trabalho já ocorreu, como realização de forma mistificada do programa do movimento operário. Nesse sentido, a destruição do trabalho assalariado, que as correntes revolucionárias do período sustentam, não pode ser desdobrada enquanto instância coerente sem se traduzir em uma negação do proletariado como produto e polo da sociedade

---

[154] O. RÜHLE. *La rivoluzione non è affare di partito (1920); Dalla rivoluzione borghese alla rivoluzione proletaria (1924)*, Caserta, G.d.c., 1974.

[155] N.d.T.: A Gauche Proletarienne foi um partido político maoísta que existiu entre 1968 e 1974 na França, tendo sido importante tanto em termos numéricos quanto no que se refere à sua influência cultural. Era pejorativamente chamado de Mao-Spontex – esta última era uma marca de esponja de limpeza – devido ao suposto espontaneísmo que defenderia em sua crítica ao autoritarismo partidário.

capitalista. Por essa razão, a "recusa ao trabalho", sustentada em particular pelo Potere Operaio com base em uma interpretação radical das teses de Mario Tronti, para Camatte se choca com a apologia do sujeito operário e da sua organização autônoma ou, em todo caso, desconsidera a incapacidade, comum a todos os grupos revolucionários, de tematizar a negação da classe proletária como objetivo primário. Desse modo, a hipótese operaísta de não formular reivindicações para não favorecer o desenvolvimento capitalista contradiz a assunção da fábrica, lugar por excelência do capital variável, enquanto campo de intervenção exclusivo ou principal:

> Deve-se evitar fazer reivindicações ao capital para não favorecer o seu desenvolvimento. [...] Infelizmente, o Potere Operaio, assim como Tronti, não consegue superar as contradições: exaltação do proletariado x destruição do trabalho. Tal modo de considerar a questão apenas reconhece *a posteriori* que o proletariado foi o elemento motor da dinâmica do desenvolvimento capitalista [...]. Graças às suas reivindicações, por meio da sua luta, o proletariado obrigou o capital a se desenvolver até o momento em que este, tendo alcançado seu domínio real, não tem mais necessidade desse estimulante (ponto de não-retorno); desde então, sua apavorante floração põe em causa o próprio futuro da espécie. Assim, é necessário pura e simplesmente destruir o capital, e, para chegar a tanto, não se trata mais de passar pelos meios-termos das reivindicações de reformas ou outras tolices do arsenal reformista: é preciso suprimir o proletariado, ser real reificado do capital. Tal afirmação é incompatível com

a deificação do proletariado feita pelo Potere Operaio, pela Lotta Continua[156] ou pela Gauche Proletarienne.[157]

Esse exame ecoa de alguma maneira, de modo puramente diagnóstico, aquilo que Edgar Morin sustentou em um texto notável sobre os eventos de maio de 68, "Uma revolução sem rosto",[158] no qual, ao descrever a relação de hibridação entre rebelião estudantil, grupos políticos da esquerda revolucionária e revivescência das lutas de classe, sustenta que o componente juvenil ideologizado teria exercido sobre os estratos mais combativos da classe trabalhadora francesa um impacto de "reoperarização da classe operária".

Por outro lado, é significativo que entre as siglas polemicamente evocadas por Camatte se encontre também a da Internacional Situacionista e, nela inspirada, a do grupo 22 de março,[159] os quais recuperaram acriticamente a visão conselhista, permanecendo ancorados a uma representação estática e imóvel da classe, "a personificação imóvel do proletariado" da qual falará Cesarano, mas sobretudo reproduzindo uma imagem do "fator consciência" como dimensão exterior à própria classe, que deve então lhe ser dada mediante

---

[156] N.d.T.: Lotta Continua foi uma organização de extrema esquerda italiana ativa entre 1969 e 1976, fundada em Turim. Negri e Tronti foram suas principais inspirações ideológicas. Começou como um grupo que apostava em ações espontâneas, mas aos poucos foi se centralizando. Ao final, parte de seus membros se integrou à esquerda tradicional e outros se juntaram às Brigadas Vermelhas (Brigate Rosse).

[157] J. CAMATTE. *Il Kapd e il movimento proletario*, pp. 256-257.

[158] E. MORIN. Uma revolução sem rosto (1968). In: C. Castoriadis; C. Lefort; E. Morin. Maio de 68: a brecha. São Paulo: Autonomia Literária, 2018.

[159] N.d.T.: O círculo anárquico 22 de março – data "oficial" de início do Maio de 68, com a tomada da Universidade de Nanterre – foi fundado na cidade de Roma em 1969 por membros do antigo círculo Bakunin, considerado então moderado demais.

atos exemplares (KAPD), por uma linha estratégica correta (Potere Operaio) ou pelo desvio (*détournement*) das mistificações espetaculares (Internacional Situacionista). O texto de Carsten Juhl converge com as intuições de Camatte, debruçando-se sobre uma reconstrução crítica das posições de Gorter e da sua famosa polêmica com Lênin. Ao analisar os limites das elaborações de Gorter e Rühle, Juhl também evidencia a contradição entre uma visão do proletariado como imediatamente "hostil ao comunismo", espontaneamente copartícipe de uma lógica produtivista e gestionária, mas ao mesmo tempo investido de um papel messiânico que, por meio da consciência revolucionária, como um *passe-partout*, deveria ultrapassar os próprios limites naturais reivindicativos e reformistas. Nessa perspectiva, a configuração dialética do "espectro do proletariado" seria a hipoteca que impediria a crítica revolucionária de chegar às suas consequências extremas e abraçar a sua própria natureza "extraclassista":

> De fato, até que a classe operária não seja concebida como parte integrada e integrante do processo de reprodução da sociedade capitalista, e a revolução não seja posta em termos que escapem da divisão de classes, a perspectiva seguirá sempre o jogo das mutações e dos desenvolvimentos da sociedade capitalista, sem nada caracterizar senão as contradições de classe como movimento próprio do capitalismo, ou seja, da dialética do processo de perpétua metamorfose da sociedade capitalista. A crítica revolucionária, ao se libertar dessa racionalidade dialética formal (classe/capital – luta de classes/consciência – crise/revolução), que faz do pensamento radical uma fonte original e inovadora no que diz respeito à autocrítica do capital, sentirá a sua ciência como fator de reprodução social e buscará repropor a revolução nos termos do Marx de 1844,

do comunismo como "a verdadeira solução do conflito entre existência e essência, entre objetivação e autoafirmação, entre liberdade e necessidade, entre indivíduo e espécie".[160]

Levando tais debates do plano documental e teórico ao da atualidade política, poderíamos nos perguntar se as interpretações propostas na revista *Invariance* realmente captam as dinâmicas que se confirmam no panorama das lutas sociais contemporâneas. Para tanto, é importante lembrar como Camatte entende, na sua análise do inédito capítulo VI de *O capital* de Marx, a supressão da classe por parte do capitalismo como um processo que ao mesmo tempo se refere à representação mistificadora da ideologia e à esfera das transformações materiais: de fato, a "classe universal" que emerge da expansão da exploração capitalista nasce quando o perfil da classe produtora de mais-valia se perde em uma extensão da relação salarial a uma série de figuras que intervêm apenas na função de realização e circulação da própria mais-valia. Escreve Camatte:

> O capital tende a negar as classes, a reduzi-las a uma só, cujos extremos não seriam afinal tão relevantes. Isso parece se realizar como resultado da generalização do trabalho assalariado. Hoje todos cumprem determinada função social dada cujo pagamento constitui seu salário. Todas as relações de classe são mistificadas.[161]

Nesse sentido, como já adiantamos, a identidade fixa do proletariado perde os seus contornos e os processos de proletarização são separados da extração de valor. O debate de caráter

---
[160] J. CARSTEN. *Op. cit.*
[161] J. CAMATTE. *Il capitale totale, cit.*, p. 387.

operaísta sobre a crise da lei do valor somente se dará muitos anos depois. Se notarmos a onda de convulsões e revoltas que sacudiram o ano de 2019 em escala internacional, apenas para circunscrever o objeto, pode-se perceber ressonâncias que dizem respeito em sentido lato à esfera da "reprodução social" nas suas formas mais indiretas, dos transportes às infraestruturas comunicativas: sublevações no Equador em razão do preço do combustível e no Chile devido ao custo do metrô, novamente na França devido a uma taxa sobre a gasolina e no Líbano contra uma taxa sobre o WhatsApp. Como relata Alain Bertho nos seus trabalhos investigativos sobre as revoltas, essas formas de mobilização são estranhas tanto às instâncias de mediação reformista quanto às estratégias revolucionárias clássicas. A multiplicidade dos seus desencadeantes não faz parte de nenhum esquema unitário. A ausência de preconceitos ideológicos, uma atenção às condições concretas de sobrevivência material que, no entanto, se mostra expansiva e tende à totalidade, enquadram-se naquilo que foi definido pelo sociólogo Michalis Lianos, a propósito dos *gilets jaunes*, como uma "política experiencial". É preciso verificar se nas hipóteses teóricas consideradas neste texto existem possíveis respostas para o "enigma" que a anomalia desses conflitos põe para as perspectivas de abolição da sociedade capitalista. Contudo, pensar as revoltas como uma política da experiência ou da carne significa abrir mão, de certo modo, de entender o pensamento e a teoria: especialmente caso se pretenda seguir as particulares inclinações que os afetos postos em jogo pela revolta imprimem sobre a questão revolucionária.

Certamente, não é por acaso que as formulações de Camatte e, em geral, a trajetória da revista *Invariance*, perseguindo o espectro do "partido-teoria" nos seus desdobramentos doutrinários, acabem por liquidar completamente a própria ideia de revolução. O abandono de toda prática de transformação do mundo surge como um pretendido abandono do mundo, transformando a crítica radical em um conjunto de preceitos de vida e pureza que não parecem satisfatórios. A virada "quietista" assumida por Camatte tem algo a ver com a sua adesão originária a um pensamento revolucionário que dissocia contemplação e vida? A recusa da imediatez subversiva, que em Bordiga se inscreve constitutivamente em uma vocação fideísta para a palavra teórica (pureza do programa, invariabilidade, etc.), se relaciona com o "imediatismo" e o desdobramento "resignado" que concluem a parábola de Camatte? Pouco importa. Em "Crônica de um baile de máscaras", Cesarano estigmatiza com clareza essa deriva, denunciando "o triste fim de experiências surgidas de pressupostos e intenções radicais, como, por exemplo, a resignação às condições dominantes da revista *Invariance* e de seu diretor Jacques Camatte, novo Cândido, hoje literalmente reduzido a cultivar o seu próprio jardim, no seu caso, 'higienista'".

A perspectiva diferente de Cesarano,[162] que ecoa nos fragmentos mais avançados da crítica revolucionária atual, afirma que a "antropomorfose do capital" não é de forma alguma um processo sem retorno: ainda que as representações do capital se encarnem no "povo do capital", permanecem sendo representações, telas, e como tais podem ser destruídas. Sem dúvida, o capital se tornou uma "comunidade fictícia" que incorporou os sujeitos, mas nunca é, por outro lado,

---

[162] É claro que não assumo os reflexos um pouco hegelianos que, por vezes, aparecem na linguagem de Cesarano, como, por exemplo, na descrição da relação entre atividade alienada da espécie e capital. Apesar disso, o essencial de suas teses, e do espírito revolucionário que as anima, permanece esclarecedor.

o "Sujeito" absoluto do devir histórico. Há sempre um resíduo corporal que permanece fora, há sempre uma reserva de revolta dos sentidos até que a espécie não seja biologicamente destruída. Em suma, se a proletarização se estende sobre todo o arco da vida, é essa mesma vida, como nos ensina o velho Vaneigem, que se torna o terreno da verdadeira guerra, um campo no qual as batalhas, às vezes ruidosas e às vezes invisíveis, são combatidas a todo momento. Lê-se nas páginas de *Tiqqun*:

> Em todo caso, o resultado de tudo isso é o Bloom e no Bloom há uma promessa de comunismo. Porque o que vem à luz nele é a estrutura extática da presença humana, a pura disponibilidade a se deixar tocar. Tal promessa é o que SE busca esconjurar a todo custo.

Somente no caminho de uma insuficiência consciente de si mesma e do próprio atraso, a palavra teórica pode reencontrar um sentido, casando-se com a palavra que se escreve no gesto.

SATURAÇÃO

É difícil saber de onde partir, hoje e na Itália, para fazer um discurso sobre a estratégia. É sobretudo desgraçadamente difícil saber quando e como fazê-lo, a quem se dirigir para encontrar e compartilhar uma enunciação sobre a situação da realidade em que vivemos e intervimos. A crise daqueles percursos e daquelas práticas que nos anos anteriores animaram a reflexão coletiva sobre a hipótese revolucionária, a circulação de ideias, as sugestões e as formas, parece ter feito evaporar até mesmo a capacidade de dar vida às palavras, de encarnar as análises e as ideias em algo diverso. A sequência de lutas que agitaram nossas latitudes ao longo de uma década, de Valsusa às ocupações para moradia e as resistências de massa contra os despejos, passando por inúmeras experiências locais de extraordinária intensidade, nos deram a impressão de vislumbrar, ao menos em potência, um plano estratégico a ser construído. Os cenários possíveis e as oportunidades que eles contêm, no entanto, ocorrem apenas uma vez e não se repetem do mesmo modo. Certamente poucos momentos como o presente dão a sensação de um colapso geral de todos os protocolos e receitas, de todos os esquemas aos quais nos agarrarmos para lidarmos com uma realidade que escapa por todos os lados.

Um pensador fora do comum, Sylvain Lazarus, nos ensinou no seu *Anthropologie du nom* (*Antropologia do nome*) que as verdades políticas se dão de maneira sequencial, por meio de modos históricos determinados que existem somente no singular. Esses modos são sobretudo espaços subjetivos, locais que tornam a enunciação revolucionária possível, que a nomeiam. Para confrontar as tradições subversivas nas suas verdades e em seu exaurimento é necessário então, em alternativa à vulgata imperante da negação, experimentar o método da "saturação": pensar no interior de dado registro da palavra revolucionária, tematizar sua decadência para colher sua raiz, levar o seu conteúdo e vitalidade a outro lugar. Em suma, continuar o trabalho daquelas categorias com base em novos termos. Se a herança do comunismo se consubstancia em sequências que correspondem a nomes que nos permitem evocá-la – partido, conselhos, figura operária, revolução, autonomia –, não existe um ponto de vista externo a partir do qual comparar, em sentido historicista, um modo de realização com o que lhe é sucessivo. Pode-se pensar a intensidade política somente a partir de dentro, saturá-la nos seus termos de "intelectualidade" e de pensamento, para assim dar-se conta de seu esgotamento histórico e transfigurá-la. E começar de novo: "Diante de uma obra política que teve importância, a alternativa é entre a negação e a saturação. […] a saturação é o reexame, a partir de dentro e de modo fechado, da exata natureza dos protocolos e dos processos de subjetivação que ela propunha para aprender o motivo da subjetivação, os seus enunciados e a sua precariedade".

Tem-se a impressão de que hoje, entre nós, sofremos com a incapacidade radical de fazer, juntos, algo desse tipo. Onde quer que os nomes que distinguiram um fragmento dessa tradição subversiva sobrevivem para além de seu tempo, de forma inalterada, eis que se ossificam, se transformam em fraseologia vazia, murcham. O desdobramento identitário que se dá em um grupo de afinidade, em uma área política de pertencimento ou, em escala mais ampla, em um horizonte ideológico do passado, é também o fruto desse vazio, da ausência de uma estratégia com a qual "saturar" e levar nossas experiências adiante. Portanto, não adorar as cinzas, mas respeitar as tradições sem nos tornarmos prisioneiros delas. Essa crítica da identidade política pode parecer banal, e certamente se arrisca a repetir um refrão que ouvimos dia e noite, mais ou menos sincero e crível. Na Itália, lemos apelos para se reconhecer a morte da esquerda da parte de quem, por mais de dez anos, não fez nada senão representar as suas formas mais infelizes e invariavelmente falidas. Estamos vacinados.

Todavia, aqui não se pretende propor outra versão dessa crítica, estigmatizar os limites alheios, sublinhar divergências de pontos de vista ou se situar em uma polêmica de posições, ainda que necessária e justa. Trata-se, antes, de um convite a fazer um balanço que não acaba em um ou dois dias, de esforçar-se para empreender um percurso que, ainda que doloroso e ingrato, é também indispensável. Aquilo que nestas páginas foi percebido como um "imaginário de substituição" dos movimentos "antagonistas" hodiernos, no nosso país é um outro nome do mesmo ponto nodal e de um único campo problemático. Isso significa coisas diversas, mas interconectadas: a relação dos militantes com a recepção de um legado, da bagagem lexical de uma corrente tomada como modelo, a exemplo do comunismo autonomista ou do anarquismo; mas também a tendência a reproduzir de maneira esclerosada e unidimensional táticas e modalidades de intervenção, perdendo a sensibilidade vital relativa aos contextos, às condições de eficácia, ao caráter variável e situacional dos repertórios de ação. Um blog e uma revista não podem ser o sucedâneo do movimento revolucionário que falta e que, caso venha a reaparecer, o fará com novas vestes, inéditas e inesperadas. Mas podem ser máquinas para coagular as enunciações, desde que se dirijam ao campo correto para construir imaginários e afinar sensibilidades. Elaborar uma inteligência estratégica compartilhada da época não pode ser uma tarefa de poucos, nem o apanágio de coletividades isoladas e ciosas do próprio perímetro de intervenção, mas pode representar o esforço transversal de quem percebe a inadequação e a sente como decisiva. Aliás, o último grande momento insurrecional que marcou os acontecimentos deste país, a autonomia italiana, não nasceu, se quisermos tirar um ensinamento do passado, da afirmação programática de algum sujeito político, e sim da crise radical e generalizada dos grupos preexistentes. É apenas *dentro desta* crise, no seio da sua novidade desestabilizante, que os projetos e as opções organizativas, por seu turno, se desenvolveram. Não existe insurreição autônoma, no fim dos anos 1970 na Itália e na França, antes da desintegração do Potere Operaio, da Lotta Continua ou da Gauche Prolétarienne.

A parábola do movimento operário, em todas as suas ramificações, representou um horizonte sólido de totalização da experiência histórica, inscrito por sua vez em uma imponente rede de aparatos. Por isso cada disputa trabalhista, a menor das lutas por habitação ou pelo custo de vida, se ligava à dimensão geral do programa de transformação e a seus nódulos organizativos. O partido formal aparecia como *relais* entre o mais ínfimo detalhe e o quadro geral. O militante profissional da Terceira Internacional se movia em uma multiplicidade de cenas – locais, nacionais, internacionais – e circulava de uma situação a outra em escala mundial.

Para o discurso teórico, isso equivalia a uma potente instância de garantia e legitimação, um mandato coletivo personificado em forças concretas, papéis e representações. Antes de mais, era uma garantia de não se estar fazendo "literatura", de não combater contra moinhos de vento e se manter em contato com a realidade da luta de classes. E isso bastava para esconjurar a suspeita de ser um pregador no deserto, de escrever cartas sem destinatário. Posição a partir da qual se arrisca a perder a cabeça. A longa história das relações entre os intelectuais e o marxismo, durante o século XX, também responde a esse mecanismo de confirmação e reconhecimento. Todavia, para quem vive o pensamento e outras práticas em uma relação diversa daquela da síntese externa ou da aplicação, tratando-os antes como partes indistinguíveis – "inseparáveis" – de uma concatenação, o declínio dos paradigmas totalizantes de compreensão teórica, que deveriam fundar e iluminar a ação, não é necessariamente um mal.

Talvez para dar concretude às indicações que, de outra forma, se arriscam a permanecer perenemente relegadas à ordem do alusivo e do desejável, é preciso colocar explicitamente o problema do que fazer quando as lutas batem em retirada, como modular a estratégia nos momentos que não oferecem nenhum apoio para o frenesi ativista. E talvez isso implique, com uma relação que poderá não parecer tão imediata, repensar a ideia de vitória, mas também e sobretudo ideias de *resultado, potência* e *eficácia* diferentes daquelas correntes. A alternância cíclica e recursiva de depressão e euforia que caracteriza a experiência dos grupos militantes certamente desconsidera uma ideia de sucesso que se resolva inteiramente no rumor e no impacto quantitativo. Portanto, uma vez expirado o impulso de uma *mobilização* ou de um ciclo de lutas, o mesmo precisa ser prolongado ou repetido artificialmente, qualquer que seja o esforço e o custo subjetivo que isso comporte.

Em tal contexto, trazer contribuições e reflexões oriundas de outros países é um gesto que não pretende fornecer estímulos que possam ser imediatamente utilizados para traçar um rumo. Trata-se antes de indicar de que forma o bloqueio, a paralisia de oportunidades e o "ponto de fusão" que por vezes faz explodir o limite e transbordar o possível se apresentam localmente. A sequência francesa que se desenvolveu de 2016 até hoje, da luta contra a *Loi Travail*, com a difusão do *cortège de tête*, à experiência dos *gilets jaunes*, chega agora a um impasse. O reaparecimento dos espaços, simbólicos e materiais, de regulação política dos conflitos, por meio do ressurgimento de estruturas sindicais que promovem e direcionam o seu desenvolvimento, e, portanto, potencialmente, também o seu fim, é um elemento ambivalente. Por um lado, a forte pressão das bases combativas comporta um possível "transbordamento", uma ressonância que levaria o ritualismo sindical, contaminado pelo eco dos *gilets jaunes*, a se redefinir e a se transformar em algo diverso, escapando assim do controle das centrais. Contudo, por outro lado se desenha a sombra de uma recaída no velho e no já conhecido, o que muitos veem com amargura. Não é por acaso que durante todo o "momento amarelo" não se tenha nunca recorrido à greve, instrumento convencional dos movimentos sociais. Na Itália, não vale a pena nos alongarmos, pois os aparatos políticos capazes de domesticar e governar os conflitos são escassos, mas o espaço que deixam livre também o são. E isso há muito tempo.

Fala-se frequentemente da importância de retomar a pesquisa e a investigação como eixos centrais da prática militante. De fato, quanto ao peso e à imprescindibilidade da pesquisa, haveria pouco a objetar, cabendo apenas acrescentar que, alargando um pouco o olhar, com esse termo devemos entender não somente – e não em primeiro lugar – o acúmulo empírico e extemporâneo de dados sobre a composição objetiva das situações e os comportamentos subjetivos que se ativam nas lutas. A problemática inevitável reside em estabelecer quais formas o campo político pode assumir no sulco que deve se abrir depois do ato, na consistência "pós--eventual" de uma temporalidade autônoma. O objeto de tal pesquisa não é, portanto, nada menos do que o nó da organização, no mais amplo sentido possível, o qual se emparelha com o evento, desarma o dispositivo que funciona para fechá-lo novamente e evitar suas consequências. Política, organização e ética são, talvez, nesse sentido, sinônimos. Portanto, descontinuidade radical na ruptura, mas também uma continuidade de novo tipo, imprevisível e necessária, sem a qual se recai na obsessão do corte e da origem. Construir a partir dos fragmentos experimentados no evento, a fidelidade que permite continuá-lo. Como?

Michele Garau é pesquisador de Turim, Itália. Seu trabalho de investigação centra-se nas genealogias de uma política anticapitalista, no fenômeno das revoltas urbanas e nas relações entre o pensamento pós-metafísico e a crítica revolucionária, privilegiando o conceito de *destituição*. Foi parte de grupos radicais antiautoritários ao longo da vida, nutrindo interesse pela crítica radical. Michele é um dos companheiros encarcerados durante a Operação 3 de Junho em 2014, em Turim, na Itália. O grupo âutonomo do qual fazia parte tinha foco na luta por moradia e condições dignas de vida para imigrantes e refugiados e, também, engajava-se na luta anticarcerária e contra centros de detenção provisória. Garau também era militante do grupo de resistência *No Tav* (No to the high speed train).